# माटीगाड़ी

[शूद्रक रचित संस्कृत नाटक 'मृच्छकटिकम्'
पर आधारित]

# माटीगाड़ी

[शूद्रक रचित संस्कृत नाटक 'मृच्छकटिकम्' पर आधारित]

हृषीकेश सुलभ

राजकमल प्रकाशन
नयी दिल्ली पटना इलाहाबाद

ISBN : 978-81-267-2227-3

**मूल्य** : ₹ 150



**पहला संस्करण** : 2012

**प्रकाशक** : राजकमल प्रकाशन प्रा. लि.
1-बी, नेताजी सुभाष मार्ग
नई दिल्ली-110 002

**शाखाएँ** : अशोक राजपथ, साइंस कॉलेज के सामने, पटना-800 006
पहली मंजिल, दरबारी बिल्डिंग, महात्मा गांधी मार्ग, इलाहाबाद-211 001

वेबसाइट : www.rajkamalprakashan.com
ई-मेल : info@rajkamalprakashan.com

**आवरण** : राजकमल स्टूडियो

**मुद्रक** : बी.के. ऑफसेट
नवीन शाहदरा, दिल्ली-110 032

MAATIGAARI
*Play by* Hrishikesh Sulabh

*श्रद्धेय नेमिचन्द्र जैन की स्मृति को*

# यह संस्करण

'माटीगाड़ी' के पहले मंचन के पच्चीस साल पूरे हुए। इसके मंचन ने हर बार मुझे विस्मित किया है। लगभग दो साल पहले वाराणसी में राष्ट्रीय नाट्य विद्यालय की एक सघन कार्यशाला में जब संजय उपाध्याय ने पचास से ज़्यादा युवा अभिनेताओं के साथ इसे मंचित किया, मैं चकित था। नवसिखुए अभिनेताओं की युवा ऊर्जा से पूरा मंच स्पन्दित था। इसके पूर्व श्रीराम सेन्टर (रंगमंडल), दिल्ली के लिए मंचित करते हुए भी संजय उपाध्याय ने कई अभिनव प्रयोग किए थे।

कला संगम, पटना की पहली प्रस्तुति की स्मृतियाँ आज भी जीवन्त हैं। मैं उन दिनों नाट्यदल कला संगम के साथ सक्रिय रूप से जुड़ा था और यात्राओं में साथ रहता था। कुछ स्मृतियाँ मेरे लिए धरोहर की तरह हैं। नाट्यदल राजस्थान की यात्रा पर था। हम लोग सुबह-सुबह जोधपुर से बीकानेर के लिए चले। शाम में वहाँ नाटक का मंचन होना था। बीकानेर पहुँचते-पहुँचते रात के दस बज गए। नाटक के निर्देशक आयोजकों पर नाराज़ थे। किसी कॉलेज के प्रेक्षागृह में नाटक का मंचन निर्धारित था। दर्शक प्रतीक्षा में थे। अग्रज कवि हरीश भदानी भी दर्शकों में शामिल थे। मैं उन्हें साथ लेकर मंच पर गया। नाटक आरम्भ होने में कम-से-कम दो घंटे लगते, यानी रात बारह बजे नाटक आरम्भ हो पाता और देर रात दो बजे समाप्त होता। हरीश

भदानी ने अपने नगर के दर्शकों से पूछा–'क्या आप रात दो बजे तक नाटक देखेंगे?' दर्शकों ने एक स्वर में 'हाँ' कहा और नाटक देखा। खेतड़ी में खुले मंच पर नाटक होना था। नाटक आरम्भ हुआ और थोड़ी देर बाद वर्षा होने लगी। सारे वाद्ययन्त्र भींगने लगे। दर्शक भीगते हुए नाटक देखते रहे। बिना वाद्यों के नाटक का संगीत रचा गया और पूरा नाटक मंचित हुआ। नाट्यदल असम की यात्रा पर था। गुवाहाटी में एक विशाल पंडाल में बने मंच पर नाटक मंचित हुआ। भारी भीड़ थी। नाटक समाप्ति के बाद मंच पर नाटककार के रूप में मेरा परिचय दिया गया। मैं जैसे ही मंच से नीचे उतरा, एक अस्सी वर्षीय वृद्ध महिला मेरे सामने आकर खडी हुईं। पहले मुझे निहारती रहीं और अचानक 'मेरे शंकरदेव...शंकरदेव'..., कहती हुई मुझसे लिपट गईं। वे भावविह्वल रोती रहीं और मुझे चूमती-आशीषती रहीं। यह मेरे जीवन का सबसे बड़ा पुरस्कार था और यह स्मृति मेरी अमूल्य थाती है।

'मृच्छकटिकम्' को विश्व की बहुचर्चित नाट्य रचना होने का गौरव प्राप्त है। काल और स्थान का अतिक्रमण करने की इसकी शक्ति ही इसे महान बनाती है। इसकी प्राचीनता का वैभव समय और दूरी को जड़ नहीं बनाता। यह साहित्य और रंगमंच दोनों की कसौटी पर खरा उतरता है। साहित्य में यह अपनी आलोचना की क्षमता और रंगमंच पर विश्लेषण की क्षमता के लिए बार-बार रेखांकित होता रहा है। यह अपने पाठकों-दर्शकों को उन तमाम क्षणों का साक्षी बनाता है, जिनका सम्बन्ध मनुष्य की मार्मिकता से है।

इसे फिर से रचते हुए मैंने केवल रचने का आनन्द ही नहीं अर्जित किया बल्कि, बहुत कुछ सीखा है। शूद्रक के बारे में इतिहास मौन है। आज भी यह विवाद है कि संस्कृत नाटक में

सामान्य मनुष्य को प्रतिष्ठित करनेवाला यह नाटककार कौन था और इसका काल क्या था, पर यह निर्विवाद है कि 'मृच्छकटिकम्' भारत ही नहीं, विश्व की श्रेष्ठतम् नाट्य रचना है।

'माटीगाड़ी' का यह तीसरा संस्करण है। पहला संस्करण प्रकाशन संस्थान, नई दिल्ली से प्रकाशित हुआ। दूसरी बार यह 'तीन रंग नाटक' में संकलित हुआ। अब नई साज-सज्जा के साथ रंगप्रेमियों, रंगदर्शकों और पाठकों के लिए प्रस्तुत है।

पटना **—हृषीकेश सुलभ**

# फिर से रचते हुए

लोकनाट्य शैली *बिदेसिया* अब प्रयोगधर्मी भारतीय रंगकर्म के लिए अपरिचित नहीं है। मेरे पहले नाटक 'अमली' के देशव्यापी प्रदर्शनों के बाद बिदेसिया की अकूत सम्प्रेषणीयता, जीवन को गहराई से विश्लेषित और पुनःसर्जित करनेवाली इसकी रंगयुक्तियों की सार्थकता तथा हिन्दी के जातीय रंगमंच के निजी स्वरूप के विकास में इसके योगदान ने भारतीय रंगकर्मियों, रंग-चिन्तकों और व्यापक दर्शक वर्ग को आकर्षित किया। 'मृच्छकटिक' को फिर से रचते हुए मैं उत्तेजक रंग-अनुभवों से गुजरा हूँ। पिछले कुछ वर्षों से भारतीय रंगकर्मी अपने क्षेत्रीय और लोक जीवन से जुड़े पारम्परिक नाट्य रूपों तथा संस्कृत रंगमंच की समृद्ध नाट्य रूढ़ियों के माध्यम से अपने समय और समाज के अन्तर्द्वन्द्वों को विश्लेषित-सम्प्रेषित करने के लिए रंगस्वरूपों की तलाश में लगे हैं। यह तलाश जीवन को शुभ मूल्यों, वैज्ञानिक दृष्टि और मानवीय संवेदना से पूरित करने की आकुलता का प्रतिफल है। इसी आकुलताजनित तलाश ने 'मृच्छकटिक' को फिर से रचने के लिए मुझे उकसाया। संस्कृत नाटकों के बीच 'मृच्छकटिक' अपने कथानक, काव्यात्मक संवेदना और लचीले रंग-विधान के चलते मुझे सम्मोहित करता रहा है।

'मृच्छकटिक' को फिर से रचने के क्रम में मेरे सामने यह

स्पष्ट था कि मूल रचना के प्रति अपनी निष्ठा के साथ-साथ अपने समय और समाज के दायित्वों का भी निर्वाह करना है। मूल रचना के कथ्य या सोच की पुनर्प्रस्तुति से सायास बचते हुए मैंने कथ्य या सोच की केन्द्रीय चेतना का रचनात्मक उपयोग करने की कोशिश की है। नाटक एक ऐसी विधा है, जिसमें एक ही कथ्य बार-बार नाटककार निदेशक और अभिनेताओं-अभिनेत्रियों द्वारा रचा जाता है। हर बार रचते हुए नई अनुभूतियों से गुजरना ही इस विधा की विशिष्टता है। 'मृच्छकटिक' की शास्त्रीयता और बिदेसिया की रंग-युक्तियों की लोकधर्मी संरचना और संस्कृत जैसी आभिजात्य भाषा और भोजपुरी मिश्रित हिन्दी की गँवई अनगढ़ता के रचनात्मक समन्वय से नई नाट्यानुभूतियों की रचना का काम चुनौती भरा था। समकालीन जीवन की विरूपताएँ बीज रूप में 'मृच्छकटिक' में उपस्थित हैं। इन्हें विकसित करते हुए मैंने हरसम्भव प्रयास किया है कि ये हमारे समय और समाज की ताजा स्थितियों का साक्ष्य बन सकें और 'मृच्छकटिक' की काव्यात्मक संवेदना भी सुरक्षित रह सके।

हिंसा, घृणा और मूल्यहीनता के अराजक दौर में प्रेम जैसे जीवन-मूल्य का महत्त्व और बढ़ जाता है। एकमात्र प्रेम ही होता है, जो ऐसी स्थितियों में मानवीय संवेदना की रक्षा करता है। उत्तम मानवीय गुणों और पुरुषोचित सौन्दर्य से विभूषित निर्धन चारुदत्त और नृत्य-संगीत की कला में निपुण रूपवती गणिका वसन्तसेना का प्रणय-सम्बन्ध शील, विवेक और प्रेम की उद्दाम चेतना को रचता है। बिना विश्वास के प्रेम नहीं होता। वसन्तसेना और चारुदत्त का प्रणय विश्वासजनित मानवीय संवेदना की सान्द्र अभिव्यक्ति है। विश्वासहीनता की त्रासद स्थिति से गुजरते समकालीन भारतीय समाज के लिए

इस विश्वास को रचना भी 'मृच्छकटिक' को फिर से रचने का कारण बना। 'मृच्छकटिक' में वसन्तसेना और धूता के सम्बन्धों में कोई तनाव नहीं है। सम्भवतः उस समय की पारिवारिक व्यवस्था में इसकी छूट रही हो। 'माटीगाड़ी' में धूता वसन्तसेना को सहजता से स्वीकार नहीं करती। वह वसन्तसेना के सामने अपने अधिकारों का प्रश्न खड़ा करती है। शूद्रक से अलग होते हुए मैंने अपने समय के अन्तर्द्वन्द्वों से टकराने का प्रयास किया है। 'मृच्छकटिक' में आर्यक भाग्यवाद की उपज के रूप में स्वीकार किया जाता है, पर 'माटीगाड़ी' का आर्यक स्थितियों के गर्भ से उपजता है। मध्य बिहार में चलनेवाले अधिकारों और प्रतिष्ठा के संघर्ष से उपजे सत्य ने आर्यक के प्रति मुझे विशेष रूप से सजग किया। पालक के क्रूर शासन-तन्त्र में जीवन के शुभपक्षों की अवमानना के प्रतिकार के रूप में आर्यक का चरित्र आकार लेता है। 'माटीगाड़ी' का पूर्वरंग लगभग पूरी तरह 'मृच्छकटिक' से भिन्न है। पूर्वरंग में जातीय उन्माद में बौराए भारतीय जीवन की विडम्बनाओं पर विदूषक तीखा प्रहार करता है।

*बिदेसिया* ने संस्कृत रंगमंच के सूत्रधार और विदूषक जैसे रूढ़ चरित्रों और भरत वाक्य जैसी रंगरूढ़ि को स्वीकार किया है। 'माटीगाड़ी' का सूत्रधार, नटी और विदूषक के साथ मिलकर नाटक की प्रस्तावना करता है। तीनों कथा के प्रवाह को अपनी टिप्पणियों और गीतों के माध्यम से गति देते हैं और घटनाओं का विश्लेषण करते हुए सच को उजागर करते हैं। दर्शकों की चेतनता बनाए रखने में तीनों सक्रिय भागीदारी निभाते हैं। 'मृच्छकटिक' के पारम्परिक समापन से अलग 'माटीगाड़ी' का समापन होता है। चारुदत्त द्वारा शकार को

क्षमादान देने के बाद मैत्रेय की भूमिका कर रहा विदूषक चितकबरा चारुदत्त का अभिनय कर रहे सूत्रधार के प्रति मुखर विरोध प्रकट करता है। वह चारुदत्त के इस निर्णय को स्वीकार नहीं करता कि शकार को क्षमा कर दिया जाए। वह अपने समय और समाज के अनुरूप यह माँग करता है कि शकार को दंडित किया जाए। मंच पर उपस्थित सारे समाजी और अभिनेता विदूषक चितकबरा का पक्ष लेते हैं। अन्ततः जन-दबाव के फलस्वरूप सूत्रधार शकार को दंडित करने का निर्णय लेता है। फिर भरत वाक्य प्रस्तुत किया जाता है, जिसमें जीवन को नष्ट करने वाली प्रतिगामी शक्तियों से संघर्ष की तीव्र लालसा अभिव्यक्त होती है।

'माटीगाड़ी' की संरचना में एक खुलापन और लोच है, जिसके चलते काल और स्थान की सीमाओं को आसानी से पार करते हुए बिना किसी मंच-उपकरण के जीवन को रचने का नाट्य किया जा सकता है। 'माटीगाड़ी' में संगीत का पक्ष सर्वाधिक महत्त्वपूर्ण है। जीवन का संघर्ष, राग-विराग और संवेदना के कोमलतम क्षणों को गीतों के माध्यम से अभिव्यक्ति मिली है। भोजपुरी अंचल के साथ-साथ मिथिलांचल की भी लोकप्रिय धुनों पर गीतों की रचना हुई है। इन गीतों को रचते हुए मेरी यह कोशिश रही है कि ये गीत मात्र कथा को आगे बढ़ानेवाले गीत नहीं हों बल्कि इनकी लोकधर्मी मार्मिकता और रसवत्ता से 'मृच्छकटिक' की संवेदना एकाकार होकर नई अनुभूतियों को दर्शकों तक पहुँचा सके।

'माटीगाड़ी' के गीतों को रचने के दौरान स्मृति-शेष अम्मा के सुरीले कंठ से फूटे असंख्य गीतों की अनुगूँजें मस्तिष्क में बनी रहीं। इन अनुगूँजों के साथ-साथ पत्नी मीनू ने भी गीतों के रचे जाने में सहयोग किया है। नाटक लिखने में सतीश

आनन्द के सुझावों से मुझे मदद मिली है। मैं उनका आभारी हूँ। नाट्य-दल कला संगम (पटना) के कलाकारों ने इस नाटक के प्रति जो ममत्व दिखाया है, उसके लिए भी मैं आभार प्रकट करना चाहूँगा।

*(प्रथम संस्करण से)*

**—हृषीकेश सुलभ**

श्रीराम सेंटर रंगमंडल द्वारा नयी दिल्ली में प्रस्तुत माटीगाड़ी नाटक के कुछ दृश्य

भारतीय नाट्य विद्यालय द्वारा वाराणसी

में प्रस्तुत माटीगाड़ी नाटक के कुछ दृश्य

कला संगम द्वारा पटना में प्रस्तुत माटीगाड़ी नाटक के कुछ दृश्य

# प्रथम मंचन में

**मंच पर**

**सूत्रधार** : नीलेश
**नटी** : रीता अधिकारी, कविता कुन्द्रा, श्वेता घोष
**चितकबरा** : कृष्ण मुरारी, प्रवीण
**चारुदत्त** : नीलेश
**वसन्तसेना** : वाणी सिंह, पूजा वर्मा, कविता कुन्द्रा, रश्मि सिन्हा
**शकार** : सतीश आनन्द
**विदूषक मैत्रेय** : कृष्ण मुरारी, प्रवीण
**मदनिका** : रीता अधिकारी, कविता कुन्द्रा, श्वेता घोष
**रदनिका** : नयना झा, माला उप्पल, प्रीति सिन्हा
**धूता** : धर्मिला चन्द्रा, रचना वर्मा, रत्ना पुरकायस्था, सुषमा, निभा
**शर्विलक** : सुमन कुमार
**संवाहक** : झुन्नू श्रीवास्तव
**आर्यक** : विनीत झा, रवीन्द्र
**शकार का विट** : बसंत कुमार, प्रह्लाद, अहीन्द्र, ओमप्रकाश
**वसन्तसेना का विट** : अजीत अकेला
**रोहसेन** : ऋचा गौड़, निमिषा
**चन्दनक** : कन्हैया, उमेश, दीपू
**वीरक** : आनन्द, बब्बू, अंजनी
**शकार का गाड़ीवान** : अहीन्द्र, विकास, नवीन अधिकारी, रवीन्द्र
**चारुदत्त का गाड़ीवान** : दीपू, रमेश, चंचल
**चांडाल-1** : रमेश, संजय, धीरेन्द्र

**चांडाल-2** : राजीव, अप्पू, हरिशंकर, धर्मेन्द्र जैक
**अधिकरणिक** : बसंत कुमार, सुमन कुमार, आलोक कपूर
**कायस्थ** : ओमप्रकाश
**शोधनक** : कन्हैया, दीपू
**माथुर** : रमेश, रवीन्द्र
**द्यूतकर** : ओमप्रकाश, धर्मेन्द्र मोहन
**चेटी** : स्वीटी, स्वप्ना
**कर्णपूरक** : राजीव, दीपक, प्रवीण, डिगलिश
**समाजी** : अजीत अकेला, अशोक पांडेय, विनीत झा, जीतेन्द्र श्रीवास्तव, सुमन झा, हरिशंकर, अहीन्द्र, दीपक, दीपू, अप्पू
**वाद्ययंत्रों पर** : अहीन्द्र, ललित श्रीवास्तव [हारमोनियम]
अशोक पांडेय, लालजी प्रसाद [ढोलक]
झुन्नू श्रीवास्तव [ताशा]
अताउल्लाह खान [शहनाई/बाँसुरी]
अजीत अकेला, विनीत झा [झाल] और
सतीश आनन्द [करताल]

**पार्श्व मंच**

**वेश भूषा** : महाश्वेता महारथी सिंह
**संगीत** : अजीत अकेला
**प्रकाश परिकल्पना** : सदानन्द मिश्र
**निर्देशक** : सतीश आनन्द

'माटीगाड़ी' का प्रथम मंचन पटना की नाट्य संस्था कला संगम द्वारा सतीश आनन्द के निर्देशन में भारतीय व्यापार मेला प्राधिकरण, दिल्ली द्वारा प्रगति मैदान के मंजर थियेटर में आयोजित विभिन्न भारतीय भाषाओं के समकालीन नाटकों के वार्षिक समारोह में 1 मार्च, 1986 को हुआ।

*[हारमोनियम, ढोलक, ताशा, बाँसुरी, शहनाई, झाल और करताल आदि वाद्यों के साथ नाटक के सारे पात्र मंच के पिछले हिस्से पर दर्शकों के आमने-सामने बैठते हैं। मंच की जगह चौकोर शामियाने के नीचे एक तरफ की धरती का सुविधानुसार उपयोग किया जा सकता है। समाजियों (कोरस) सहित सारे पात्रों के बैठने के बाद उनके आगे की धरती या मंच का प्रयोग अभिनय स्थल के रूप में होगा। सूत्रधार समाजियों के बीच से बाहर आता है। लोकधुन पर नृत्य करते हुए वह दर्शकों को नमस्कार करता है और प्रस्तावना गीत गाता है। टेक की पंक्ति में सारे पात्र उसका साथ देते हैं।]*

**सूत्रधार : (प्रस्तावना गीत—तर्ज़ : झूमर)**

हो अनोखा बाटे आज के ई खेलवा।
बरिसों-बरिस पहिले शूदरक लिखले हो,
रूप-भाखा एकर सुलभ बदलले हो
आहे गा के सुनाईं कि देखाईं खेलवा!! हो...
माटीगाड़ी एकर नाम रखाइल हो,
खेलवा सजवले संजय भाई हो,

अवन्तिपुर नगरिया पर रचाइल खेलवा!! हो...

*[नटी का प्रवेश]*

**नटी :** का हो गुइयाँ! तुम हिंया नाच-तमासा में मगन हो अउर हम घर में चूल्हा जला के, चूल्हा पर अदहन चढ़ा के तुम्हारी बाट जोह रहे हैं। मरद-मानुस का ई चाल-चलन नीक है का?

**सूत्रधार :** अरे बाप रे बाप! बड़ी बेसरम जनाना है तू। भरी सभा में मान-मरजाद माटी में मिला रही है। इतनी बड़ी भीड़ के बीच हमारी पगड़ी उछाल रही है।

**नटी :** अरे वाह रे मान-मरजाद! घर में जनाना अउर बाल-बच्चे भूखे मरें,...ना चूल्हा में आग जले, ना घर में ढिबरी, अउर घर का माथ-मालिक गाँव-जवार में घूम-घूम के नाचे-गावे! ई कवन मान-मरजाद है?

**सूत्रधार :** *(नाटकीय स्नेह के साथ)* गुइयाँ! ए गुइयाँ!

**नटी :** हटो हमारे पास से। झूठी पीरीत ना जताओ,...मीठी-मीठी बात में ना भरमाओ। पहिले सेर-दो सेर अनाज का जुगाड़ करो, तब जहँवा जी चाहे जाओ..., नाचो-गाओ!

**सूत्रधार :** गुइयाँ! ए मोरी हिरनी जस आँख वाली गुइयाँ! बात भले तू तीखी बोलती है, पर है नरम माटी की। करेजा तो फूल है तेरा, फूल।

**नटी :** फूल बोलते हो, काँट समझते हो।

**सूत्रधार :** ना री गुइयाँ! फूल बोलते हैं, फूल समझते हैं। अब तो मान जा। देख, इतनी बड़ी भीड़ बैठी है, नाच-तमाशा देखे वास्ते। चल, आज तू भी साथ दे। हमारे साथ नाच-गा, खेल-तमासा में मदद कर। दरसक

देवता लोग परसन्न हुए, तो भाग जागेगा,...दुख-दरिद्दर दूर भागेगा। सोना-रूपा मढ़वा देंगे तुम्हारी देह में।

**नटी** : साँच!

**सूत्रधार** : हाँ, साँच।

**नटी** : गुइयाँ हो, एक बात बोलें! मूरख समझ के हँसना मत।

**सूत्रधार** : ना रे, आज तलक हँसे? बोल?

**नटी** : कल हमारा बरत है।

**सूत्रधार** : बरत?

**नटी** : हाँ, बरत।

**सूत्रधार** : अच्छी बात है। आज चूल्हा उपास,...कल बरत,...अब परसों जलेगा चूल्हा।

**नटी** : ना गुइयाँ, कल जलेगा चूल्हा अउर भोजन भी बनेगा। पहिले जीमेंगे बरहमन देवता, तब जीमेंगे घर के लोग। आज कल खाँटी बरहमन ना मिलता है। हिंया इतनी बड़ी भीड़ है, एक बरहमन खोज लो कल वास्ते। पहिले से तय कर लो।

**सूत्रधार** : बस ई बात! फिकिर मत कर। अभी खोज लेते हैं। *(दर्शकों से)* है भाई कवनो आदमी खाँटी बरहमन? कल हमारी घरवाली का बरत है, सो हमारे घर पकवान जीमना है। है भाई कवनो आदमी खाँटी-सुद्ध बरहमन? *(नटी से)* ए गुइयाँ, हिंया तो अकाल है।... पर एक उपाय है।

**नटी** : कवनो उपाय करो। बहुत जरूरी है।

**सूत्रधार** : चितकबरा!...चितकबरा!

*[समाजियों के बीच बैठा चितकबरा छिपना चाहता है। सूत्रधार उसको पकड़कर खींचता है।]*

अरे साला, तब से चितकबरा-चितकबरा चिल्ला रहे हैं, अउर तू लाल-पीयर बन के बइठा है! काहे छिप रहा था रे?

**चितकबरा :** *(मंच पर आगे आते हुए)* मरद-मेहरारू के रगड़ा-झगड़ा में ना पड़ेंगे भाई। देह-हाथ से कमजोर, दुबर-पातर आदमी ठहरे! बीच में पड़े, तो पिसा के चटनी बन जाएँगे। हम बीच में ना बोलेंगे ओस्ताद।

**नटी :** काहे नखरा दिखा रहा है रे? मुँह में दही जमा के रखा है का रे?

**चितकबरा :** ना ओस्ताद, जनाना कीरिया, एक बोल ना बोलेंगे।

**सूत्रधार :** अरे पहिले बात तो सुन।

**चितकबरा :** अच्छा बोलो।

**सूत्रधार :** एक दिन वास्ते तू बरहमन बन जा।

**चितकबरा :** *(पैर पकड़ते हुए)* ना रे दादा,...सब कुकरम करवा लो, पर बरहमन ना बनाओ। ओस्ताद! जीते जिनगी ई नरक का सजाय मत दो। चाहो तो भंगी का काम करवा लो, पर...।

**सूत्रधार :** काहे रे! लोग कई-कई जनम धरते हैं, जिनगी भर जप-तप करते हैं,...तब जाकर बरहमन कुल में जनम लेते हैं अउर तुम साला छींक रहा है।...सुन, कल हमारी घरवाली का बरत है। उसको पकवान जीमने वास्ते एक खाँटी-सुद्ध बरहमन चाहिए, सो तू एक दिन वास्ते बरहमन बन जा। अउर सुन, आज के तमासा

में एक बरहमन का पाट है, सो भी तू कर ले।

**चितकबरा :** बापे रे! ओस्ताद...

**सूत्रधार :** *(अनसुना करके)* सुनती हो गुइयाँ, अपना चितकबरा जीमेगा कल बरहमन बन के। चितकबरा बरहमन, एकदम सुद्ध बरहमन। ना बाप-महतारी का पता, अउर ना जात-धरम का।

*[सूत्रधार लम्बी-चुटिया वाला विग और जनेऊ लाकर चितकबरा को पहनाता है। नटी लाठी लाकर देती है। दोनों चितकबरा को ब्राह्मण बनाकर समाजियों के बीच बैठा देते हैं तथा प्रस्तावना गीत का शेष अंश प्रस्तुत करते हैं।]*

**सूत्रधार और नटी : (प्रस्तावना गीत : शेषांश)**

हो अनोखा बाटे आज के ई खेलवा।
एहि नगरिया रामा चारुदत्त रहले हो,
सब धन आपन दान में लुटवले हो,
आहे करम के लिखल के मेटाई खेलवा!! हो...
नाम वसन्तसेना रहली पतुरिया हो,
कोमल बदनिया रहे जादू के सुरतिया हो,
रात-दिन मदन के खेलस खेलवा!! हो...
गनिका के नेहिया आज बखानब हो,
अउरी बखानब नीति-बेवहार हो,
आहे रजवा के सार देखाइब खेलवा!! हो...

*[सूत्रधार और नटी नाचते हुए समाजियों के बीच जाकर बैठ जाते हैं। प्रस्तावना गीत की धुन बजती रहती है। इसी धुन पर चलते हुए*

*चारुदत्त तथा विदूषक मैत्रेय का मंच पर प्रवेश होता है।]*

**[तर्ज़ : पूरबी आलाप]**

**मैत्रेय :** रात भइल बा तो होई बिहान मीतवा,
तू जनि छोड़ऽ जिनगी के आस मीतवा।

**चारुदत्त :** कवन? संगतिया! आवो मैत्रेय! आवो, बैठो मेरे भाई।

**मैत्रेयी :** धन-दौलत बढ़े। जस बढ़े। सुख के दिन लवटें। भगवान मंगल करें।

**चारुदत्त :** भाई, ई हाथ में का है?

**मैत्रेय :** चादर है। चमेली की महक से मह-मह महकती चादर। चूर्णवृद्ध ने सौगात भेजा है। बोले, धरमात्मा चारुदत्त जब पूजा-पाठ से फराकत हो लें, तब देना। संगतिया! का सोचने लगे?

**चारुदत्त :** भाई, आदमी की जिनगी में दुख के बाद सुख आवे, तो घुप्प अन्हरिया में दीया के अँजोर जइसा लगता है। पर भाई, सुख के बाद दुख आवे, तो समझो देह रहते आदमी की जिनगी मउवत के समान है।

**मैत्रेय :** ना भाई, इतना दुख ठीक ना है। चनरमा में से देवता लोग रोज थोड़ा-बहुत काट लेते हैं, चनरमा रोज पातर होते हैं। पर जस-तस पातर होते हैं—उनका रूप सँवरता है, निखरता है। दानी आदमी कहियो गरीब ना होता है। जस-जस धन खतम होता है, उसका नाम होता है,...मान-मरजाद बढ़ता है।

**चारुदत्त :** धन चला गया, एहि बात की चिन्ता ना है। दुख तो है कि धन ना रहा तो हित-साथी साथ छोड़ दिए।

अच्छा, छोड़ो ई सब बात। हम तो घर के देवता लोगों की पूजा कर लिए। तुम जाओ, चौराहे पर जा के देवी की पूजा कर लो।

**मैत्रेय :** ना भाई, हम ना जाएँगे पूजा करने।

**चारुदत्त :** काहे, का हुआ?

**मैत्रेय :** बहुत किए पूजा-पाठ। बहुत किए जप-तप। अब हम ई सब ना करेंगे। रोज-रोज पूजा से भी ज़ब देवता लोग तुम्हारी ना सुन रहे हैं,...बहिर बने बइठे हैं, तो पूजा से का फायदा!

**चारुदत्त :** ना भाई, ई तो घर-गिरस्थी का नियम है।

**मैत्रेय :** हम तो ना जाएँगे। कवनो दूसर आदमी भेजो। हमारे सब काम का उलटा फल मिलता है।

**चारुदत्त :** संगतिया, एहि बात का तो दुख है कि धन ना रहा पास में, तो अपना भी...

**मैत्रेय :** हम अकेले ना जाएँगे। साथ में कवनो दूसर आदमी को भी भेज दो।

**चारुदत्त :** रदनिका! रदनिका! *(रदनिका का प्रवेश)* रदनिका, मैत्रेय के साथ देवी की पूजा करने जाओ।

**रदनिका :** जी अच्छा।

*[मैत्रेय के साथ रदनिका का प्रस्थान। चारुदत्त दोनों को जाते हुए देखता रहता है। प्रकाश सिमटता है। समाजी गाते हैं। गीत की ध्वनि उभरते ही मंच पर धीमा प्रकाश फैलता है। आगे-आगे भागती हुई वसन्तसेना और पीछा करते हुए शकार तथा विट का लयबद्ध गति में प्रवेश होता है।]*

**समाजी :** **(तर्ज़ : झूमर)**

आ गइले, आ गइले
आ गइले हो रजऊ के सारवा।
आगे-आगे मछरी पीछे बकुलवा
रूपऽ के जाल अझुरा गइले हो रजऊ के सारवा।
रहिया में देखले, दउड़त अइले,
दउड़े में ढिमिला गइले हो रजऊ के सारवा।

*[शकार गिर जाता है। विट उसे सँभालता है।]*

**विट :** ए वसन्तसेना। रुक जा, रुक जा। इतना डर कवन बात का! हम ना कवनो बियाधा हैं अउर ना तुम्हारा सिकार करेंगे कि घबड़ा रही है, हिरनी जस भाग रही है।

**शकार :** शुन ठहर जा। ए वसन्तशेना हमारी शजनी, छिन भर ठहर जा। काहे गिरती-पड़ती भाग रही है? शुन, देख आग में माँश जइशा हमारा करेजा तुम्हारे वाश्ते जल रहा है।

**[तर्ज़ : जट-जटिन]**

तनि रुक के शुनऽ ऐ शजनी, रुक के शुनऽ हो,
बात मोरि ए शजनी रुक के शुनऽ हो।
मोर जियरा जरे ए शजनी, जियरा जरे हो।
तोर पीरितिया के अगिया में जियरा जरे हो।

**विट :** वसन्ती, रुक जा, हवा में अइसे अँचरा उड़ा के मत भाग। ओ लाल चुनरी वाली! केला के पात जइसा थरथराती हुई काहे भाग रही है?

**शकार :** रुक शजनी...। वशन्ती, रुक जा। काहे वाशना बढ़ाती है? रोज रात को शपना में शेजिया पर आके नींद तोड़ जाती है अऊर अबहीं राह में ढिमलाती हुई भाग रही है। एह शमय कहँवा जाएगी? रावन के वश में कुन्ती जइशा आज तू हमारे वश में आ गई।

**[तर्ज़ : जट-जटिन]**

शूती जब शेजिया पर शूती जब हो,
तू अँखिया बीच शपनवा में आवेलू हो।
जनि भागऽ ए शजनी जनि भागऽ हो,
मोरि बहिंया में आके शूतऽ जनि भागऽ हो।

**विट :** ना हम गरुड़ हैं, अउर ना तो तू है साँपिन। फिर काहे भागती है? हम चाहें तो हवा-बयार रोक लें, पर तोहके जोर-जबर्दस्ती ना रोकना चाहते हैं। समझी तू!

**शकार :** पंडित! पंडित! हम एहिके कई नाम शे पुकारे। बोले-पियारी, शुन्दरी, जादू की पिटारी, रूप की रानी, शजनी, रूपवती अउर रशीली। अरे का-का नाम धर के ना पुकारे! पर ई ना शुनती है हमारी बात, ना मानती है हमारा कहना।

**विट :** अब तो रुक जा। सारस तो ना है तू कि डरती है। देख तो सही, गाल छिला गए हैं तेरे झुमके से रगड़ खा के।

**शकार :** ई शाज-शिंगार चमकाती, गहना-गुरिया झमकाती कहँवा जाएगी! हम तो ठहरे राजा राम। दुरपदी जइशा राजा राम शे डर के कहँवा जाएगी! जइशे हनुमान ने विश्ववाशु की बहिन शुभदरा का हरन किया था, वइशे ही तेरा हरन करेंगे हम।

**[तर्ज़ : जट-जटिन]**

बाजेला रुनुन-झुनुन ए शजनी रुनुन-झुनुन हो,
तेरा अंग के गहनवा बाजे रुनुन-झुनुन हो।
बहिंया धरि हरि लेब ए शजनी हरि लेब हो,
मोरी मैना चिरइया तोहके हरि लेब हो।

*[वसन्तसेना पकड़ी जाती है।]*

**विट** : ऐ सुन्दरी! कहँवा भाग रही है? हमारे मालिक शकार के साथ जिनगी का सुख लूटो, भोग-विलास करो। देख, अइसा करेगी, बात मानेगी, तो रोज कलेवा में मछरी का माँस मिलेगा। हमारे मालिक के घर इतना मछरी का माँस बनता है कि कुकुर सब भी खा के अघाया फिरता है।

**शकार** : पंडित! देखो, हमारा जियरा चुरा के, शुख-चैन छिन के गीदड़ी भागी जा रही थी। हम भी कुकुर के जइशा खदेड़ते रहे।–भाग के जाती कहँवा!

**वसन्तसेना** : पल्लवक!...पल्लवक!...पल्लवक!

*[शकार डर जाता है। वसन्तसेना को छोड़कर विट के पीछे जाकर छिपने का नाट्य करता है।]*

**शकार** : पंडित! पंडित! कवनो आदमी है! लगता है हिंया कवनो आदमी है।

**विट** : अरे! डरते काहे हो? डरो मत।

**वसन्तसेना** : माधवी!...माधवी!

**शकार** : पंडित!

**विट** : अरे मूरख! डरता काहे है? ई तो कवनो सखी-सहेली

को बुला रही है।

**शकार :** शखी-शहेली! कवनो जनाना को बुला रही है का?

**विट :** अउर का!

**शकार :** तब तो कवनो डर ना है। शखी-शहेली! *(हँसता है।)* हम तो एक शाथ शैकड़ों जनाना को मार दें। शच! अइशा शूर-वीर हैं हम।

**वसन्तसेना :** *(आकुलता के साथ चारों तरफ देखती हुई)* हाय रे नसीब! विपत की घड़ी है। ना जाने साथ के लोग कइसे अलग हो गए,...कहँवा चले गए!

**विट :** पुकार लो। सबको पुकार लो।

**शकार :** ए हमारी रानी! पल्लवी-माधवी को पुकारो, चाहे शमूचे वशन्त महीना का नाम लेकर विलाप करो। जब हम तुम्हारे पीछे पड़ गए हैं, तब कवन करेगा तुम्हारी रच्छा? ना आवेगा जमदागिन का बेटा भीमशेन, ना आवेगा कुन्ती का बेटा रावन! दुरपदी तेरा झोंटा खींचेंगे हम तो। *(सिर के बाल पकड़कर खींचता है।)* देख, हमारी तलवार देख! एकरी धार बहुत तेज है। तेरा शिर काट दें? भाग के जाएगी कहँवा?

**वसन्तसेना :** सरकार, अनाथ औरत हैं हम!

**विट :** अनाथ है, तब तो जी रही है।

**शकार :** अनाथ ना होती, तो मार ना दिए होते अब तक?

**वसन्तसेना :** *(स्वगत)* हे भगवान! कवन राछस के हाथ पड़ गई! *(शकर से)* सरकार! गहना-गुरिया चाहिए? कवन गहना चाहिए? जो कहें, सो दे दें।

**विट :** कुभाखा मत बोल। गहना-गुरिया लेके का करेंगे?

**वसन्तसेना :** तो का करें?

**शकार :** शुन, हम देवता हैं। देवता शरूप आदमी। तू हमशे

परेम कर।

**वसन्तसेना :** चुप रहो पापी। लाज करो। पापी! राछस! ई कुबोल हमको पसन्द ना है। छोड़ो हमको। अपने पापी मन में धीरज धरो।

**शकार :** *(प्रसन्न होकर)* पंडित! ए पंडित! देखो, ई पतुरिया की बेटी का करेजा कइशा नरम है। हमारे ऊपर रीझ गई अब तो। कहती है–धीरज धरो...! अब धीरज ना धरेंगे शजनी। अपने पंडित देवता के शिर पर पैर रख के कहते हैं। बहुत भागे हैं,...बहुत दउड़े हैं तुम्हारे पीछे।

**विट :** अरे मूरख! ई धीरज परेम की भाखा ना है। ई है तिरछी बोली। *(वसन्तसेना से)* सुन वसन्ती! तुम्हारी देह का है? हाट-बाजार से खरीदी कवनो चीज! चाहे रूप वाला हो, चाहे कुरूप–तुम्हारा बेवहार एक जइसा होना चाहिए। फूल की डार पर मोर भी बैठता है, अउर कउवा भी। तुम हो बेसवा-पतुरिया। बेसवा का है?–नदी-पोखर है। तुम्हारा धरम होता है कि कवनो आदमी से घिन ना करो।

**वसन्तसेना :** जोर-जबरदस्ती परेम ना होता है पंडित। परेम होता है गुन से।

**शकार :** पंडित, ई जनम की दाशी, पतुरिया शशुरी दरिद्दर चारुदत्तवा पर मोहित है। हम जानते हैं...शब जानते हैं। ई हमशे परेम ना करेगी। देखो, बाईं ओर कँगले चारुदत्तवा का घर है, कहीं भाग के ना चली जाए! पंडित, तुम शमझाओ-बुझाओ, ना तो जान शे मार डालेंगे हम।

**वसन्तसेना :** *(स्वगत)* बाईं ओर! अगर ई बात साँच है, तब तो

हमारा भला कर दिया पापी ने। भेंट तो होगी,...दरसन तो मिलेगा उनका!

*[वसन्तसेना भागकर छिपने का नाट्य करती है।]*

**शकार :** पंडित! पंडित! कहँवा गई पतुरिया? अरे ई तो उड़द में शियाही की गोटी जइशी जाने कहँवा बिला गई!

**विट :** *(तलाश करते हुए।)* अरे! बाप रे! कइसा कुच-कुच अन्हरिया है! आँख का तेज बिला गया है। आँख फाड़-फाड़ के निहार रहे हैं, तबो कुछ सूझ ना रहा है।

**शकार :** पंडित! हम तो वशन्तशेना को खोज रहे हैं।

**विट :** अरे पतुरिया का बेटा! कवनो ओर-छोर है कि अइसे ही खोज रहा है?

**शकार :** ओर-छोर?

**विट :** गहना-गुरिया की झनकार,...फूल-माला की महक।

**शकार :** अन्हरिया है पंडित, अन्हरिया। तबो हमारी नाक में फूल-माला की महक शुनाई पड़ रही है, पर गहना-गुरिया की झनकार तो ना दिख रही है।

**विट :** वसन्ती! बदरी की कोख में बिजुरी जइसी अन्हरिया में कहँवा लुका गई? अपने तो छिप गई, पर पैजनिया की रुन-झुन अउर मह-मह करती माला की महक को कहँवा लुका-छिपा के रखेगी?

**वसन्तसेना :** *(स्वगत)* सुन लिया पंडित देवता।...अउर समझ भी गई।

*[वसन्तसेना आभूषण और पुष्पहार उतारती है। अँधेरे में दबे क़दमों से आगे बढ़ती है। चारुदत्त के घर का पार्श्व-द्वार मिलता है। वह इस द्वार*

*से भीतर प्रवेश करने का नाट्य करती हुई मंच से बाहर चली जाती है।]*

**शकार :** पंडित! पंडित!–हम खोज रहे हैं।

**विट :** का खोज रहे हो?

**शकार :** वशन्तशेना को।

**विट :** खोजो-खोजो,...खूब खोजो...। जिनगी भर खोजते रहो।

**शकार :** *(विट को पकड़ते हुए)* अरे! पकड़ लिया! मिल गई वशन्ती! अरे पंडित, वशन्ती मिल गई!

**विट :** अरे मूरख की सन्तान! ई तो हम हैं हम।

**शकार :** तो तुम हिंया का करे रहे हो? हटो।

*[शकार वसन्तसेना को खोजते हुए चारुदत्त के पार्श्व-द्वार तक आता है। रदनिका पूजा की सामग्री लिये बाहर निकलती हैं रदनिका को पकड़ लेता है।]*

**शकार :** पंडित! पंडित! देखो, अबकी शचमुच, शही-शही पकड़ लिया वशन्तसेना को। अन्हरिया में भाग रही थी, पर हम तो माला की महक देखकर पहचान गए अउर अइशे खींचे, जइशे दुरपदी को चानक्य ने खींचा था।

**विट :** जवानी के घमंड में चली थी परेमी से मिलन करे।

**शकार :** ए शजनी। पकड़ी गई तू। तू केश शे पकड़ी गई–पकड़ी गई चोटी तेरी। अब मन भर गाली दो। चिल्लाओ-पुकारो, रोओ-विलाप करो, चाहे बोलो–हे ईश्वर...शम्भू...शंकर।

**रदनिका :** ई का कर रहे हो? छोड़ो-छोड़ो...।

**विट :** अरे पतुरिया को बेटा। ई तो कवनो दूसरी जनाना की आवाज है।

**शकार :** ना पंडित, ना। माखनचोर बिलाई-जइशी अपनी बोली बदल रही है। ई पतुरिया की बेटी दगा दे रही है।

**विट :** अचरज! घोर अचरज! ई तो अचरज की बात है कि अपनी बोली बदल रही है!...पर अचरज भी कइसा! नाटक-नौटंकी, गीत-गवनई सब जानती है,...छल-कपट का पेशा करती है, सो बोली बदल रही है।

*[मैत्रेय हाथ में दीप लिये पार्श्व-द्वार से बाहर निकलता है।]*

**मैत्रेय :** ओह! कइसी बयार है रे दादा! सन-सन कर रही है, दियरा बुझा रही है,...अउर ई दियरा भी अइसा थर-थर काँप रहा है, जइसे एहिके बलि चढ़ना हो।

**शकार :** *(रदनिका को डरकर छोड़ देता है।)* पंडित! पंडित! मानुश आया, मानुश।

**मैत्रेय :** रदनिका! ई कवन लोग हैं? *(स्थिति समझकर।)* ई तो अच्छी बात ना है। चारुदत्त गरीब हो गए तो जो-सो घर में घुस जाएगा?

**रदनिका :** हमारी इज्जत का नाश हो रहा है।

**मैत्रेय :** सिरफ तुम्हारी ना, हम सबकी इज्जत का नास हो रहा है। ई आदमी जोर-जबरदस्ती कर रहा था का?

**रदनिका :** जी।

**मैत्रेय :** *(हाथ की लाठी प्रहार के लिए तानते हुए)* भागो नालायक सब, भागो, हटो हमारे सामने से ना तो कपार फोड़ देंगे। अपने घर में कूकुर भी बाघ होता है, हम तो बरहमन हैं।

**विट :** छिमा करो महाबरहमन, छिमा करो। दूसरी जनाना के धोखा में भूल हो गई। *(पैर पकड़ लेता है।)*

**मैत्रेय :** ठीक है। छिमा किया। अब उठो, अउर भागो।

**शकार :** अरे नीच बरहमन! जा, हमारी ओर शे कंगले चारुदत्त शे कह दे कि शोना के गहना-गुरिया शे शजी-शँवरी पतुरिया वशन्तशेना उसके घर में छिप गई है।

*[मैत्रेय और रदनिका का प्रस्थान।]*

**शकार :** पंडित! गया रे?

**विट :** हाँ, गया।

**शकार :** चलो, हम भी भाग चलें।

**विट :** तलवार?

**शकार :** तुम रख लो।

**विट :** ना, ई हमारी ना है।

**शकार :** शही बात।

*[शकार तलवार लेता है। विट भाग जाता है।]*

**शकार :** *(स्वगत)* देख, अब हम भागेंगे। कूकुर के भौंकने पर गीदड़ को भागते देखा है, वइशे ही भागेंगे हम।

*[शकार भाग जाता है। हल्का प्रकाश चारुदत्त पर पड़ता है। वह टहल रहा है। वसन्तसेना उसके सामने से गुज़रती है।]*

**चारुदत्त :** रदनिका! रदनिका! देखो रोहसेन बाहर घूम रहा है। ठंडी बयार बह रही है। सर्दी ना लग जाए! लो, चादर ओढ़ा दो। *(अपना उत्तरीय देता है।)*

**वसन्तसेना :** *(स्वगत)* हमको नौकरानी समझ रहे हैं। *(उत्तरीय*

*लेकर सूँघती है।)* आह! एहिमें तो चमेली की महक है।

**चारुदत्त :** रदनिका, रोहसेन को ले जाओ।...का बात है? ना कहा करती हो, ना जवाब दे रही हो?

**मैत्रेय :** *(प्रवेश करते हुए)* रदनिका तो हिंया है।

**चारुदत्त :** तो फिर ई कवन है? अरे! भारी चूक हो गई। अपनी देह का उतरन कपड़ा पराई औरत को दे दिए हम। भूल हो गई।

**मैत्रेय :** *(स्वगत)* भूल ना हुई, भला हुआ।

**चारुदत्त :** *(वसन्तसेना को एकटक निहारते हुए)* कइसी सुन्दर लग रही है! सरद रितु की बदरी में छिपी चनरमा जइसी। पर ई ठीक ना है।...पराई औरत को निहारना ठीक ना है।

**मैत्रेय :** संगतिया, ई तो वसन्तसेना है। बाग में जवन दिन मेला लगा था, ऊ दिन से मोहित है तुम पर।

**चारुदत्त :** वसन्तसेना, अनजाने में नौकरी जइसा बेवहार कर दिए हम। भूल हुई हमसे। छिमा करो।

**वसन्तसेना :** भूल तो हमसे हुई आर्य। बिना कवनो अधिकार के देहरी-चौखट लाँघ के घर में आ गई। आर्य, हमारे ऊपर एक किरपा करें। ई गहना अपने घर में हमारी धरोहर मान के रख लें। गहना वास्ते ही नीच सब पीछे लगा था। बड़ी किरपा होगी।

**चारुदत्त :** ना-ना, धरोहर रखे वास्ते हमारा घर ठीक ना है।

**वसन्तसेना :** घर से का मतलब? धरोहर घर को ना, आदमी को सौंपा जाता है।

**चारुदत्त :** मैत्रेय, गहना ले लो।

**वसन्तसेना :** आर्य, हमको हमारे घर तक पहुँचा देंगे?

**चारुदत्त :** मैत्रेय, तुम साथ चले जाओ।

**मैत्रेय :** ना भाई, ई हंस जइसी चाल वाली औरत के साथ तुम्हारे जइसे राजहंस की जोड़ी अच्छी लगेगी। हम ठहरे बरहमन।

**चारुदत्त :** ठीक है। चलो वसन्तसेना।

*[चारुदत्त के साथ वसन्तसेना का प्रस्थान। मंच पर अँधेरा होता है। नेपथ्य से आवाज़ आती है—"पकड़ो-पकड़ो।...अस्सी रत्ती सोना हारकर भागा है।...पकड़ो-पकड़ो।" मंच पर तेज़ प्रकाश के साथ संवाहक का दौड़ते हुए प्रवेश।]*

**[तर्ज़ : कवनी लोककथा]**

**संवाहक :** जुआ में जिनगी हरनी
सुन, सुन रे सुन।
घोर विपतिया फँसनी
सुन, सुन रे सुन।
करम फूटल मोर भइया
सुन, सुन रे सुन।
केकरा सरन में जाईं
सुन, सुन रे सुन।

*[नेपथ्य में फिर शोर उभरता है। संवाहक भागता है। मन्दिर में घुसकर, प्रतिमा बनकर छिपने का नाट्य करता है। संवाहक का पीछा करते हुए माथुर और द्यूतकर प्रवेश करते हैं।]*

**माथुर :** भाग के जाएगा कहँवा?

**द्यूतकर** : जहँवा जाएगा, पकड़ लेंगे। आज तो तुम्हारी रच्छा भगवान भी ना कर पाएँगे।

*[दोनों पदचिह्न तलाशते हैं।]*

**द्यूतकर** : बस हिंया तक है पाँव की छाप।

**माथुर** : उलटा! आगे है उलटे पाँव की छाप। उलटे पाँव मन्दिर में घुसा है।

*[दोनों मन्दिर में प्रवेश करने का नाट्य करते हैं। संवाहक प्रतिमा बना खड़ा है।]*

**द्यूतकर** : ई काठ की मूरत है का?

**माथुर** : अरे ना भाई! पत्थर है, पत्थर।

**द्यूतकर** : माथुर, हिंया बहुत चैन है। कवनो हल्ला-गुल्ला ना है। आसनी खोजो अउर चलो दो-चार दाँव खेल लें।

*[दोनों जुआ खेलने लगते हैं।]*

**[तर्ज़ : कवनी लोककथा]**

**संवाहक** : झन-झन कउड़ी बोले
सुन, सुन रे सुन।
मनवा मोरा डोले
सयुन, सुन रे सुन।

**द्यूतकर** : अब हमारा दाँव है।

**माथुर** : ना, अब हमारा है।

**संवाहक** : *(प्रकट रूप से धैर्य छोड़ते हुए)* ना-ना, अब तो हमारा दाँव है।

**द्यूतकर** : पकड़ लिया! पकड़ लिया!

**माथुर :** अरे भगोड़े की औलाद! पकड़ा गया तू। अबहीं दे हमारा सोना।

**संवाहक :** दे देंगे भाई।

**माथुर :** अरे अबहीं दे।

**संवाहक :** भाई रे, हम अपना सिर तुम्हारे पैर पर रखते हैं।

**माथुर :** देख, जुआ का भी कुछ कायदा-कानून होता है। होता है कि ना?

**संवाहक :** हाँ भइया, होता है।...पर अबहीं कहँवा से दें?

**माथुर :** थोड़ा-थोड़ा करके दे दे।

**संवाहक :** ई बात ठीक है। आधा दे देंगे अउर आधा छोड़ दो।

**माथुर :** ठीक है।

**संवाहक :** आधा तुमको भी दे देंगे अउर आधा छोड़ दो।

**द्यूतकर :** ठीक है।

**संवाहक :** अच्छा भइया, तो चलते हैं। परनाम *(चल देता है)*

**माथुर :** अरे! कहँवा जा रहा है रे!

**संवाहक :** अच्छा भइया, तो चलते हैं। परनाम! *(चल देता है।)*

**माथुर :** अरे! कहँवा जा रहा है रे!

**संवाहक :** *(रुकते हुए)* आधा तो तुम छोड़ दिए अउर आधा तुम। *(दर्शकों से)* अब आप ही लोग विचरिए। ई दोनों हमको झूठ-मूठ का रोक रहा है कि ना? ई कवन नियाव है?

**माथुर :** *(पकड़कर)* इतना कच्चा मत समझ। चल, सोना ला। साला, फरेब बतियाता है।

**संवाहक :** पर कहँवा से दें?

**माथुर :** अपने बाप को बेच दे।

**संवाहक :** बिन बाप के हैं भइया।

**माथुर :** बेच दे अपनी मइया।

**संवाहक** : मइया मर गई भइया।

**द्यूतकर** : तू तो जिन्दा है? इतनी लमहर देह है। बेच साला अपनी देह।

**संवाहक** : ठीक है भाई। *(दर्शकों से)* भाई दरसक देवता लोग! कवनो आदमी हमको मोल ले लो। सिरफ अस्सी रत्ती सोना में मोल ले लो हमको।

*[घोषणा करते हुए अचानक संवाहक भाग जाता है। माथुर और द्यूतकर उसके पीछे दौड़ते हैं। मंच पर वसन्तसेना खड़ी है। मदनिका लयबद्ध गति से प्रवेश करती है।]*

**[तर्ज़ : झूमर]**

**मदनिका** : सुधिया के पाखी काहे उड़ि गइले तोर,
मोरी सखिया!
काहे भइल जियरा उदास
मोरी सखिया!

**वसन्तसेना** : सुधिया के पाखी मोर गइले पिउ के देस,
सुन रे सखिया!
जियरा बसे पिउ के भेस,
सुन रे सखिया!

**मदनिका** : कवने छयलवा तू देखलों सपनवा,
मोरी सखिया!
काहे भइलों लजिया से लाल,
मोरी सखिया!

**वसन्तसेना** : नाहि आवे नींदिया, ना देखलों सपनवा,
सुन रे सखिया!

सेजिया पर जागूँ सारी रात,
सुन रे सखिया!

**मदनिका :** कइसन रूपवा हो, कइसन गुनवा,
मोरी सखिया!
कि लागि गइल नेहिया के फाँस
मोरी सखिया!

**वसन्तसेना :** अजगुत रूपवा हो, देवता के गुनवा
सुन रे सखिया!
धन भइल बेसवा के भाग
सुन से सखिया!
परान के पपिहरा पुकारे पिउ-पिउ
सुन रे सखिया!
रहि-रहि सिहरेला देह
सुन रे सखिया!

*[अचानक नेपथ्य में शोर होता है–"अस्सी रत्ती सोना हारकर भागा है।...पकड़ो-पकड़ो।" वसन्तसेना और मदिनका का नृत्य-गीत रुक जाता है। संवाहक प्रवेश करता है।]*

**संवाहक :** आर्या! रच्छा करें। हमको छिपा लें। हमको सरन दें।

**वसन्तसेना :** डरो मत! तुम हमारी सरन में आए हो, तो डरो मत। दरवाजा बन्द कर दे मदनिका। कवन आदमी के डर से भागे हो? बोलो!

**संवाहक :** धनिक लोगन से आर्या।

**वसन्तसेना :** मदनिका, दरवाजे की साँकल बन्द कर दे।

*[मदनिका द्वार बन्द करती है।]*

**मदनिका :** कहँवा से आ रहे हो? कवन हो तुम? केकरे सम्बन्धी हो? का करते हो?

**संवाहक :** हम पाटलिपुत्र के रहनेवाले हैं। तेल मालिश करते हैं–देह दबाते हैं–सेवा करते हैं। सेवक हैं हम।

**वसन्तसेना :** बहुत महीन अउर कोमल कला है तुम्हारी।

**संवाहक :** कला तो है अउर कोमल भी है, पर अबहीं एहि कला से रोटी का जुगाड़ करते हैं।

**वसन्तसेना :** हिंया कइसे आ गए?

**संवाहक :** भागते-भागते।

**वसन्तसेना :** हमारा मतलब है कि ई देस में कइसे आए?

**संवाहक :** अब का कहें आर्या! घूमने-फिरने वाले लोगन से ई अनोखे देस की कथा सुनी। ई देस देखने का मन किया, सो चल दिए। हिंया आके एक मालिक के घर काम किया। ऊ बहुत नीक आदमी है। मधुर वचन बोलते हैं। परेम करते हैं। दोनों हाथ से धन दान करते हैं। दान करते-करते...।

**वसन्तसेना :** निरधन हो गए।

**संवाहक :** आप कइसे जान गईं?

**वसन्तसेना :** ई में जानने की कवन बात है! जहँवा दान का गुन हो वोहिजा धन ना रहता है। जवन पोखर में कवनो आदमी पानी ना पीए, ऊ पोखर भला सूखता है कहियो?

**मदनिका :** उनका नाम का है?

**संवाहक :** कवन नहीं जानता है उनका नाम? चनरमा का नाम कवन नहीं जानता? उनका नाम आर्य चारुदत्त है।

**वसन्तसेना :** आर्य चारुदत्त! मदनिका, आसन दे रे। *(मदनिका आसन लाती है।)* आप बइठ जावें। बेनिया डुलावो रे मदनिका। आप बइठ जावें, थकान लग रही होगी।

**संवाहक :** *(स्वगत)* आर्य चारुदत्त का नाम लेते ही इतना मान! अइसा आदर! धन्य हो आर्य! धरती पर बस एक तुम्हारी ही जिनगी सुफल है अउर बाकी सबकी बेकार। एकदम बेकार। बाकी लोग तो बस साँस लेते हैं, जीते ना हैं।

**वसन्तसेना :** कहँवा हैं ऊ धनवान?

**संवाहक :** धनवान तो आप हैं, आप। सेवा-सत्कार का अइसा गुन जेकरे पास होता है, ऊ आदमी ही धनी होता है।

**वसन्तसेना :** आप बोल रहे थे...

**संवाहक :** हम आर्य चारुदत्त के घर में नौकर थे। एक दिन अइसा आया कि ऊ निरधन हो गए अउर हम बन गए जुआरी। करम फूटा था, सो अस्सी रत्ती सोना हार गए। जुआघर के मालिक ने बन्धक बना लिया। वोहिजा से भागे तो आपके सरन में पहुँचे। ऊ सब हमको खोज रहे हैं। मिल गए, तो जान चली जाएगी।

**वसन्तसेना :** मदनिका, तू ई कंगन जुआघर के मालिक को दे दे।

*[वसन्तसेना कंगन उतार कर देती है। मदनिका बाहर जाती है।]*

**संवाहक :** आर्या, आप कहें,—अवसर दें, तो हम आपकी सेवा करें।

**वसन्तसेना :** *(मुस्कान के साथ)* आर्य, आप जाकर अपने मालिक की सेवा करें।

*[मदनिका का प्रवेश।]*

**मदनिका :** आर्या, कंगन जुआघर के मालिक को दे दिया। जुआरियों का सरदार चला गया।

**संवाहक :** आर्या, अब हम बौध भिखारी बन जाएँगे।

**वसन्तसेना :** आपको अइसा ना करना चाहिए।

**संवाहक :** ना आर्या। हम तो तय कर लिये कि अब बौध धरम अपना लेंगे। जुआ खेले से हमारा मान-मरजाद माटी में मिल गया है, पर अब सिर मुड़ा के सगरी दुनिया में घूमेंगे। अब हमको विदा दें आर्या। परनाम!

*[संवाहक प्रस्थान करता है। कर्णपूरक प्रवेश करता है।]*

**कर्णपूरक :** आर्या! आर्या! आज हमने एक पागल हाथी को अपने बल से काबू में कर लिया है। ई देखिए, हमको एक सज्जन ने ई चादर इनाम में दिया है।

*[वसन्तसेना चादर लेकर देखती है।]*

**वसन्तसेना :** अरे! ई तो आर्य चारुदत्त की चादर है! आर्य कवन ओर गए?

**कर्णपूरक :** एहि रास्ता से अपने घर की ओर गए हैं।

**वसन्तसेना :** चल मदनिका, ऊपर की ड्योढ़ी से देखें।

*[कर्णपूरक चला जाता है। वसन्तसेना और मदनिका नृत्य की तेज़ गतियों से ड्योढ़ी के ऊपर जाकर दूर रास्ते पर जाते हुए चारुदत्त को देखने का नाट्य करती हैं। इस बीच समाजी बिरहा गाते हैं।]*

**[तर्ज़ : बिरहा]**

**समाजी :** फूलेला अनरवा सेमल कचनरवा
पलसवा गुलबवा अनन्त।

पियवा भँवरवा के नेहिया में
गनिका के देहिया भइल रे बसन्त।
मदन भरल दूनो अँखियाँ न जाने काहे
देखे चाहे रात-दिन कन्त।
लजिया दबावे छिप-छिप गनिका निहारस
कब जइहें पिया एहि पन्थ?
सखिया-सहेलिया के बतिया ना मन भावे
लगी गइले नेहिया के फाँस।
नाहिं भावे रूप कवनो नाहिं भावे सोना-चाँनी
जियरा में पियउ के आस।
अवन्तिपुर नगरिया के लोगवा ना नीक लागे
पियउ तो बसेले रे साँस।
मधुआ के मातल बहेला बयरिया कि
देहिया रे फूटेला बतास।

*[वसन्तसेना और मदनिका नृत्य करती हुईं मंच से बाहर निकल जाती हैं। मंच पर प्रकाश क्षीण होता है। एक तरफ चारुदत्त और मैत्रेय सोए हैं। मैत्रेय की नाक नींद में 'खर्र-खर्र' बज रही है। शर्विलक आल्हा की तीव्र गति पर चलते हुए प्रवेश करता है।]*

**[तर्ज़ : आल्हा]**

**शर्विलक :** नाम सरविलक सुनो हमार,
घुप्प अन्हरिया करीं व्योपार।
जइसे छोड़े सरप रे केंचुल
वइसे भागल नींद हमारा नाम....

रात-रात भर जागीं भाई,
मेहनत से हम करीं कमाई।
हमरो काज कला रे भाई,
ना पकड़े राजा-रखवारा नाम...
दीवार हिंया नोनियाइल बाटे,
माटी भी भहराइल बाटे।
देव आज मोहाइल बाड़ें
अब लगिहें बेड़ा मोर पारा नाम...
कवन-कवन हम कला दिखावें,
चान-रचें कि सूरज बनावें?
पोखर, घइला, कमल-पाँखुरी,
का-का रचें हम ई दिवार? नाम...

जय हो कारतिक देवता! जय हो! अरे बाप रे! नाप-जोख करे वाला डोरा तो हम घर भूल आए। अब का करें? अच्छा...जनेऊ तो है। हमारे जइसे बरहमन वास्ते जनेऊ का अउर दूसर कवन काम!

*[जनेऊ से दीवार नापता है। सेंध मारने और अन्दर प्रवेश करने का नाट्य करता है।]*

जय हो कारतिक देवता! भीतर अँजोर है,...दीया जल रहा है,...पर दो जने सोए हैं। पहिले जाँच लें। का जाने सोए हैं ससुरे कि अइसहीं झूठ-मूठ के आँख मूँद के पड़े हैं। *(चारुदत्त और मैत्रेय के पास जाकर देखता है।)* आँख बन्द है।...पुतली भीतर धँसी है।... साँस भी खर्र-खर्र खींच रहे हैं दोनों *(किसी चीज़ से टकराने का नाट्य करता है।)* अरे! ई का है?

ढोलक-सितार,...बीना-बाँसुरी,...पोथी-पतरा! अरे ई कवनो आदमी का घर है कि कंगाल का लगता है, कवनो नाटक वाले के घर में घुस गए। बाहर से तो बढ़िया दिख रहा था, पर भीतर तो पूरा घर ढनढना रहा है। फँस गए सरविलक! चलो, हिंया कुछ ना मिलेगा।

**मैत्रेय :** *(नींद में)* संगतिया! संगतिया!...लगता है, चोर है।... सेंध लगा के घुसा है।...ई बेसवा का गहना-गुरिया सँभालो।...हम ना रखेंगे अपने पास।...डर लगता है हमको।

**शर्विलक :** बाप रे बाप! जगा है ससुरा।...का जाने सपना देख रहा हो!...मार दें ससुरे को? *(पास जाता है।)* अरे! गमछी में सोने का गहना-गुरिया! कइसा चमका रहा है!...दिप-दिप दमक रहा है दीया के अँजोर में। छीन लें?

**मैत्रेय :** *(नींद में)* हमको डर लग रहा है। तुम ही रखो गहना-गुरिया। तुमको गऊ माता अउर बरहमन की किरिया।

**शर्विलक :** किरिया धरा दिए।...अब तो ले ही लेंगे।

*[शर्विलक गहना ले लेता है।]*

**मैत्रेय :** *(नींद में)* ले लिये संगतिया?

**शर्विलक :** हाँ, ले लिये। गऊ माता और बरहमन की किरिया धरा दिए, तब कइसे छोड़ दें!

**मैत्रेय :** *(नींद में)* बाप रे! जान साँसत में फँसी थी। अब सोएँगे सुख की नींद।

**शर्विलक :** सोते रहो, सौ बरिस तक सोते रहो महाबरहमन।

**[तर्ज़ : आल्हा]**

साँप, बाज अउर हिरन बिलाव,
माया रूप धरूँ जस भाव।
सबके चाल में माहिर समझो,
नाम सरविलक सुनो हमार।

*[शर्विलक दबे पाँव बाहर निकलना चाहता है। सामने से आती हुई रदनिका से टकरा जाता है। रदनिका चीख़ती है। शर्विलक भाग जाता है।]*

**रदनिका :** चोर...चोर...! पकड़ो-पकड़ो...। चोर...!

*[चारुदत्त और मैत्रेय की नींद टूटती है।]*

**मैत्रेय :** का हुआ?

**रदनिका :** चोर।

**मैत्रेय :** कहँवा है चोर?

**रदनिका :** भाग गया।

**मैत्रेय :** भाग गया! अरग जब भाग गया तब काहे हल्ला करती हो?—कइसी बढ़िया नींद लगी थी!

**चारुदत्त :** *(सेंध के पास जाकर)* संगतिया! कइसी सुन्दर सेंध है!...केतनी बढ़िया कला है!...पर हाय रे नसीब!

**[तर्ज़ : पूरबी आलाप]**

ना कुछ पवले चोर, संगतिया
ना कुछ पवले चोर।
लुटि गइल इजतिया मोर, संगतिया
ना कुछ पवले चोर।

सगरी रात परिसरम कइले,
रात भयावन सेंध लगवले,
ना कुछ पवले चोर।

**मैत्रेय :** धन्य हो संगतिया! चोर की चिन्ता में बियाकुल हो गए। चोर समझा होगा कि बहुत गहना-गुरिया है। *(चौंकते हुए)* गहना-गुरिया! अरे बाप रे! गहना-गुरिया! *(प्रसन्न होते हुए)* संगतिया, तुम हरदम कहते थे कि हम मूरख हैं। अब बोलो, हम नीक किए कि तुम्हारे हाथ में बेसवा का गहना-गुरिया सौंप दिए।...ना तो ऊ दाई का बेटा आता अउर चुरा के ले जाता।

**चारुदत्त :** कब दिए तुम?

**मैत्रेय :** साँच कहते हैं भाई। हम तुम्हारे हाथ में...।

**चारुदत्त :** जाने दो संगतिया। छोड़ो। जो हुआ, सो भला हुआ। चोर खाली हाथ तो ना लवटा।

**मैत्रेय :** पर ऊ धरोहर थी।

**चारुदत्त :** धरोहर!

**मैत्रेय :** सगरे लोग लाँछन लगावेंगे कि निरधन चारुदत्त बेसवा का गहना-गुरिया पचा गए।

**[तर्ज़ : पूरबी आलाप]**

**चारुदत्त :** एक कोप कइले विधना
धनसा जे हरि लेलऽ,
दूसरे लंछनवा लगवलऽ हो राम।
केहु ना भरोसा करिहें
केहु नाहिं बात मनिहें।
निरधनवा के कवनो ना इजतिया हो राम।

**मैत्रेय :** अरे कइसन गहना-गुरिया! कवनो पुरवा-साख है?

कवनो परमान है? कह देंगे कि ई झूठ है।

**रदनिका :** *(स्वगत)* हम जाके बहूरानी को बोल दें ई बात!

*[रदनिका मंच पर एक चक्कर लगाती है। दूसरी तरफ जाकर आवाज़ देती है।]*

बहूरानी! बहूरानी!!

**धूता :** *(प्रवेश करते हुए)* का है?

**रदनिका :** बहूरानी, बेसवा का गहना-गुरिया चोर ले गया।

**धूता :** आर्य कइसे हैं? उनको कवनो चोट तो ना पहुँची?

**रदनिका :** ना।

**धूता :** भगवान की किरपा। पर अब का होगा रदनिका? मान-मरजाद तो चला गया। का कहेंगे नगर के लोग?...कि निरधन हो गए तो ईमान बेच दिया! कवन भरोसा करेगा कि चोर ले गया! *(रत्नावली को देखकर)* ...पर माँ के घर से मिली ई रत्नावली तो है हमारे पास!

*[मंच पर एक चक्कर लगाकर मैत्रेय के पास पहुँचती है।]*

**धूता :** आर्य मैत्रेय!

**मैत्रेय :** कल्यान हो देवी!

**धूता :** आर्य मैत्रेय! आज हमारा वरत है। आज के दिन पूजा-हवन के बाद बरहमन देवता को सोना-रत्न दान करे का नियम है।...सो हम ई रत्नावली आपको...।

**मैत्रेय :** देवी!

**धूता :** हाँ आर्य।

**मैत्रेय :** कल्यान हो देवी!—मंगल हो! सुख के दिन लवटें!

*[धूता का प्रस्थान। मैत्रेय जाती हुई धूता को देखता है और फिर चारुदत्त के पास आता है।]*

**मैत्रेय** : संगतिया! ई लो।

**चारुदत्त** : का है?

**मैत्रेय** : भाग का फल है। गुनवन्ती बहू की संगति का फल है। बीते जनम का पुन्न-परताप है।

**चारुदत्त** : तो ई किरपा रोहसेन की माँ ने की! संगतिया, आज साँचो हम निरधन हो गए। *(कुछ पल के लिए विराम)* संगतिया, ई रत्नावली लेकर वसन्तसेना के घर जाओ। कहना, उनका गहना-गुरिया हम अपना समझ के जुआ में हार गए, सो बदले में ई रत्नावली भेजे हैं।

**मैत्रेय** : वाह रे बेसवा का भाग!

*[मैत्रेय चला जाता है। प्रकाश चारुदत्त पर केन्द्रित होकर सिमट जाता है। मंच पर क्षीण प्रकाश में शर्विलक का प्रवेश।]*

**[तर्ज़ : आल्हा]**

**शर्विलक** : रात भयावन घोर अन्हरिया,
हमरी गुइयाँ बसे अटरिया।
सोना दे गुइयाँ ले जाऊँ,
तब छोड़ूँ चोरी-व्योपार।
नाम सरवलिक सुनो हमार।

*[दूसरी तरफ से मदनिका का प्रवेश]*

**मदनिका** : कवन? अरे! सरवलिक! धन्य भाग हमारा।

**शर्विलक** : मदनिका! एक जरूरी बात है।

**मदनिका** : बोलो।

**शर्विलक** : हिंया कवनो अउर दूसर आदमी तो ना आवेगा?

**मदनिका** : काहे?

**शर्विलक** : तू समझती ना है।

**मदनिका** : बोलो तो सही है कवनो आदमी ना आवेगा।

*[वसन्तसेना का प्रवेश]*

**वसन्तसेना** : *(स्वगत)* कहँवा गई मदनिका? बहुत देर कर दी। *(चौंककर)* अरे! कवन आदमी से बतिया रही है!... कइसे निहार रही है! लगता है दोनों परेम करते हैं।

**शर्विलक** : मदनिका, अगर हम धन देवें तो वसन्तसेना तुमको छोड़ देंगी?

**वसन्तसेना** : *(स्वगत)* हमारी बात चल रही है। तब तो छिप के सुने में कवनो दोख ना है।

**मदनिका** : आर्या का वश चले, तो बिना धन लिये सबको छोड़ दें, पर तुम्हारे पास धन कहँवा से आया कि हमको छुड़ा के ले जाना चाहते हो?

**शर्विलक** : *(आभूषण दिखाते हुए)* ई देखो। तुम्हारे नेह में बउरा गए हैं हम। हमसे एक अपराध हो गया।

**मदनिका** : ई का किए तुम!

**शर्विलक** : मदनिका, धन कायर को ना मिलता है। धन मिलता है साहस से।

**मदनिका** : हमारे कारन अइसा साहस करके बहुत बुरा किए तुम।

**शर्विलक** : हम चोर जरूर हैं, पर मूरख ना है। अइसा पापी ना हैं कि धाय कि गोद से लड़िका चुरा लें। देख, गहना देख।...लगता है जइसे वसन्तसेना वास्ते गढ़वा के लाया हो कवनो आदमी।

**मदनिका :** अइसा लगता है, जइसे ई सब गहना-गुरिया...अच्छा, कहँवा से लाए तुम? बोलो।

**शर्विलक :** तुमको कवन गरज कि कहँवा से लाए! बस तुम रख लो।

**मदनिका :** भरोसा ना है तो काहे हमको हिंया से छुड़ा के ले जाना चाहते हो! बिना भरोसा के परेम ना होता है...।

**शर्विलक :** चारुदत्त का है ई सब।

**मदनिका :** *(आकुल होकर)* ई का किए तुम?

**शर्विलक :** का हुआ? डर काहे गई?

**मदनिका :** उनको कुछ हुआ तो ना!

**शर्विलक :** मदनिका, सरविलक कायर ना है, जो सोए आदमी पर हमला करे।

**मदनिका :** साँच?

**शर्विलक :** हाँ! एकदम साँच।

**मदनिका :** हे भगवान! हमारी देह को जइसे जान मिल गई ई समाचार सुन के। ई सब गहना-गुरिया आर्या का है। आर्य चारुदत्त के पास ई सब धरोहर था।

**शर्विलक :** काहे?

*[मदनिका फुसफुसाकर शर्विलक को सारी बात बताने का अभिनय करती है।]*

**शर्विलक :** ओह! हमसे तो भारी भूल हो गई। अब का करें!

**मदनिका :** सुनो! एक जुगत है। सब गहना-गुरिया लेके आर्या के पास जाओ अउर कहो कि हम चारुदत्त के सगे-सम्बन्धी हैं। गहना-गुरिया वापस करे आए हैं। गहना-गुरिया भी जगह पर पहुँच जाएगा अउर आर्य चारुदत्त के माथ से धरोहर का बोझ भी उतर जाएगा।

**शर्विलक :** ठीक है। जइसी तुम्हारी मरजी।

**मदनिका :** ठहरो। हम आर्या को पहिले तुम्हारे आवन की बात बता दें।

*[मदनिका मंच पर एक चक्कर लगाकर दूसरी ओर वसन्तसेना के पास पहुँचती है।]*

**मदनिका :** *(वसन्तसेना से)* आर्या! चारुदत्त के घर के एक बरहमन आया है।

**वसन्तसेना :** का कहता है?

**मदनिका :** आपसे मिला चाहता है।

**वसन्तसेना :** जा, भेज दे।

*[मदनिका पुनः एक चक्कर लगाकर शर्विलक के पास पहुँचती है।]*

**मदनिका :** चलो।

*[दोनों एक चक्कर लगाते हुए वसन्तसेना के पास आते हैं।]*

**वसन्तसेना :** परनाम स्वीकार करें बरहमन देवता।

**शर्विलक :** कल्यान हो देवी।

**वसन्तसेना :** धन्य भाग हमारे कि आप पधारे।

**शर्विलक :** देवी! आर्य सनेस भेजे हैं कि घर-आँगन सब जर्जर हो गया है। गहना-गुरिया सहेज के रखना कठिन काज है, सो आप ई धरोहर वापस रख लें। *(आभूषण देता है।)*

**वसन्तसेना :** जइसी आर्य की इच्छा। हमारी ओर से ई सनेस के बदले कुछ लेते जाएँ।

**शर्विलक :** जी! जी हाँ।

**वसन्तसेना :** हमारी ओर से मदनिका को साथ ले जाएँ।

**शर्विलक :** हम समझे ना!

**वसन्तसेना :** समझ के का करेंगे? आर्य कहे थे कि जो ई धरोहर लेके जाए, ऊ आदमी के साथ मदनिका को भेज देना।–सो मदनिका को आपके हवाले किया।

*[वसन्तसेना मदनिका का हाथ शर्विलक के हाथों में सौंपती है। दोनों वसन्तसेना की बात समझकर भाव-विह्वल हो जाते हैं। समाजी विदाई गीत गाते हैं। शर्विलक-मदनिका के जाने तक वसन्तसेना उन्हें एकटक निहारती रहती है।]*

**[तर्ज़ : बिदाई गीत]**

**समाजी :** जाहि घड़ी बेसवा चेरिया के विदा कइली,
ताहि घड़ी भइला उदास हो।
चेरिया तो रहली सखिया-सहेलिया,
कइली पाहुन जस बास हो।
नइहर के सरधा पुरवली रे बेसवा,
चेरिया के दिहली असीस हो।
बेसवा के चोला जे आज छुटि गइलें,
जिनगी में भइले अँजोर हो।
कनिया-बहुरिया के मान जे पवली,
चलि भइली पियउ नगरिया की ओर हो।

*[वसन्तसेना का मंच से प्रस्थान। पुनः मदनिका और शर्विलक का प्रवेश होता है और अचानक*

*नेपथ्य से घोषणा होती है–"गोप कुमार आर्यक राज बनेगा...ई डर से राज पालक ने आर्यक को बन्दी बना लिया है। सुनो...सुनो... ।"]*

**शर्विलक :** मदनिका, राजा पालक ने हमारे संगतिया आर्यक को बन्दी बना लिया है। सुना तुमने?

**मदनिका :** हाँ सुना।

**शर्विलक :** अइसी विपत की घड़ी में हमको आर्यक का साथ देना चाहिए। चलो, तुमको रेभिल के घर पहुँचा दें। फिर वहाँ से हम वापस लौट जाएँगे।

**मदनिका :** कहँवा?

**शर्विलक :** बन्दी आर्यक को छुड़ाने वास्ते।

*[मदनिका रोने लगती है।]*

रो मत मदनिका। विपत की घड़ी में संगतिया का साथ देना चाहिए। आर्यक हमारा संगतिया है, सो हमारा जाना जरूरी है।

**[तर्ज़ : आल्हा]**

जस राहू मुख चान लुकइले,<br>
हमरे साथी बन्दी भइले।<br>
का होई ई देहिया रहिके,<br>
राजद्रोह अब काम हमार।<br>
नाम सरविलक सुनो हमार।

*[शर्विलक और मदनिका तीव्र गति से बाहर निकलते हैं। मैत्रेय का प्रवेश होता है। मंच पर एक चक्कर लगाने के बाद मैत्रेय वसन्तसेना के*

*महल में पहुँचता है। सामने वसन्तसेना खड़ी है।]*

**मैत्रेय :** *(महल देखकर आश्चर्यचकित होते हुए)* कैसा अद्भुत महल है! चक्कर आ रहा है देवी। इतना धन-दौलत देख के माथा चकरा गया,...साँस थम गई,...आँख फट गईं।

**वसन्तसेना :** कहिए कइसे आना हुआ? आर्य कइसे हैं?

**मैत्रेय :** *(स्वगत)* कुकुर काटा था, अउर का! बेसवा के घर बिना कुकुर काटे कवनो भला आदमी होता है! *(वसन्तसेना से)* आर्य आपकी धरोधर अपना समझ के जुआ में हार गए। जुआरियों का सरदार नगर से बाहर चला गया है। आर्य बहुत दुखी हुए...।

**वसन्तसेना :** सँभल के रहिएगा बरहमन देवता। आर्य कहियो आपको भी दाँव पर ना लगा दें।

**मैत्रेय :** सो ई रत्नावली धरोहर के बदले भेजे हैं, आपके वास्ते।

**वसन्तसेना :** *(स्वगत)* शर्विलक जो गहना-गुरिया दे गया है, सो दिखा दें का? ना।

**मैत्रेय :** ना रखेंगी का?

**वसन्तसेना :** काहे ना रखेंगे! जइसी उनकी इच्छा। *(रत्नावली लेती है।)* आर्य को आप सनेस दे दें कि आर्य से मिलने की बहुत इच्छा है। आज साँझ हम...।

**मैत्रेय :** *(स्वगत)* अउर कुछ हथियाना होगा। *(वसन्तसेना से)* जी-जी। कह देंगे।

*[मैत्रेय का प्रस्थान। चारुदत्त से मिलन की आकुलता में वसन्तसेना मंच की एक परिक्रमा*

*करती है। नेपथ्य से मेघ गर्जन सुनाई पड़ता है। वसन्तसेना के विट का प्रवेश होता है। विट के साथ वसन्तसेना चारुदत्त से मिलने के लिए प्रस्थान करती है। दोनों डोमकच की लय पर गीत गाते हुए चलते हैं। टेक की पंक्ति में विट का साथ समाजी भी देते हैं।]*

**[तर्ज़ : डोमकच]**

**विट :** एक वसन्तसेना सुन्दरी! देखऽ मेघ गरजत अइले।
मेघवा के बोली सुनि मोरवा चिहइले।।
बिजुरी पताका लेके मेघ राजा भइले,
कहीं चन्दा लुकइले, कहीं पवन पागल भइले।
ए वसन्तसेना... ... ...

**वसन्तसेना :** चाहे बिजुरी चमकिहें, चाहे बज्जर गिरि जइहें
हम तो पिया लगे जइबों केहु रोक नाहिं पइहें।

**विट :** ए वसन्तसेना सुन्दरी! देखऽ मेघ गरजत अइले,
बिजुरी के चँवर झूले गगन हिले-डुले,
चढ़ि मेघवा सवारी देखऽ इन्दर कोपइले।
नील रंग चुनरी जस गगन लहरइले।
ए वसन्तसेना...

**वसन्तसेना :** अहिल्या के नेहिया में गौतम रिसि बनिके,
कुल दगिया लगवले इन्दर राह रोके अइले।
मोरे पियवा के हिया मोरे हियवा लुकइले।

**विट :** ए वसन्तसेना सुन्दरी! देखऽ मेघ गरजत अइले।

*[वसन्तसेना अपने विट के साथ चारुदत्त के बाग़ में पहुँचती है। पहले उसके विट की*

*मुलाक़ात मैत्रेय से होती है। वसन्तसेना छिपकर खड़ी है। दूसरी तरफ चारुदत्त बैठा हुआ है।]*

**विट** : परनाम करते हैं बरहमन देवता।

**मैत्रेय** : परनाम! कइसे आए? कवन काम से आए?

**विट** : आई हैं।

**मैत्रेय** : कवन?

**विट** : ऊ।

**मैत्रेय** : कवन?

**विट** : अरे कंगाल जइसा कवन-कवन का कर रहे हो?

**मैत्रेय** : तुम काहे काँव-काँव कर रहे हो? साफ-साफ बोलो।

**विट** : बोलें।

**मैत्रेय** : हाँ बोलो।

**विट** : अच्छा पहिले एक सवाल पूछते हैं।

**मैत्रेय** : जल्दी पूछ, ना तो तेरा कपार फोड़ देंगे।

**विट** : अच्छा बताओ, आम में मोजर कवन रितु में लगता है?

**मैत्रेय** : गरमी में।

**विट** : गलत।

**मैत्रेय** : रुको, पूछ के बतलाते हैं।

*[चारुदत्त के पास जाता है।]*

आम में मोजर कवन रितु में लगता है?

**चारुदत्त** : वसन्त में।

*[विट के पास वापस आता है।]*

**मैत्रेय** : वसन्त में।

**विट** : अब दूसर सवाल पूछें?

**मैत्रेय** : अरे पूछ, जल्दी पूछ।

**विट** : राजा के राज की रच्छा कवन करता है?

**मैत्रेय** : कूकुर-सियार।

**विट** : गलत।

**मैत्रेय** : तो रुको, फिर से पूछ के बतलाते हैं।

*[चारुदत्त के पास जाता है।]*

राजा के राज की रच्छा कवन करता है?

**चारुदत्त** : सेना।

*[विट के पास वापस आता है।]*

**मैत्रेय** : सेना।

**विट** : अब दोनों को मिला के बोलो।

**मैत्रेय** : सेना-वसन्त।

**विट** : अइसे ना, उलट के बोलो।

*[मैत्रेय सिर के बल उलटा खड़ा होने की कोशिश करता है।]*

अरे मूरख, अपना दोनों जवाब उलट के बोल।

**मैत्रेय** : वसन्तसेना।

**विट** : वोही आई हैं। समझा?

**मैत्रेय** : समझ गए।

*[चारुदत्त के पास जाकर]*

संगतिया, आ गईं तुम्हारी परान-पियारी वसन्तसेना।

**चारुदत्त** : काहे, हँसी-ठठ्ठा करते हो भाई?

**मैत्रेय** : इहे तो हमारा करम है कि साँच कहें तो झूठ, अउर

झूठ कहें तो साँच।

*[छिपी हुई वसन्तसेना प्रत्यक्ष प्रवेश करती है।]*

**वसन्तसेना :** परनाम बरहमन देवता!

**मैत्रेय :** कल्यान हो देवी! अइसा दुरदिन में कवने कारन पधारीं आप?

**विट :** देवी पूछ रही हैं कि रत्नावली की कीमत का है?

**मैत्रेय :** *(स्वगत)* हम तो पहिले ही बोल थे कि ई पतुरिया की बेटी का पेट ना भरा है सो...।

**विट :** देवी उसको जुआ में हार गईं, सो बदले में अपना गहना-गुरिया सौंपे वास्ते आई हैं।

*[विट आभूषण देता है। मैत्रेय आभूषण लेकर चारुदत्त को दिखाता है।]*

**मैत्रेय :** कइसा चमक रहा है! इसकी चमक से आँख अन्हरा रही है। *(चौंककर)* अरे! ई तो वोही है भाई, जवन गहना-गुरिया अपना घर से चोर चुराया था।

**चारुदत्त :** संगतिया, धरोधर वापसी का जो बहाना हम किए, सो दुहराया जा रहा है।

*[नेपथ्य से मेघ गर्जन की ध्वनि सुनाई पड़ती है।]*

**मैत्रेय :** लगता है, मेघ बरसेगा। संगतिया, हम तो चले। *(विट से)* तुमको कवनो काम-धन्धा ना है का? हिंया का जमे हो? चलो।

*[मैत्रेय और विट अर्थ भरी दृष्टि से देखते हुए चले जाते हैं। वसन्तसेना मन्द गति से चलती*

*हुई चारुदत्त के निकट आती है। दोनों अपलक एक-दूसरे को निहारते हैं।]*

**वसन्तसेना** : साँझ कइसी बीत रही है जुआरी?

**चारुदत्त** : मेघ, बिजुरी, रसबूँदें अउर तुम्हारी देह को छूकर आती बयार,...अब का चाहिए ई साँझ को!

*[दोनों वर्षा की फुहारों से भींगने का नाट्य करते हैं। वसन्तसेना स्वतः चारुदत्त के बाहुपाश में सिमट आती है। दोनों गाते हैं।]*

**[तर्ज़ : विद्यापति गान]**

**वसन्तसेना** : तन मन अगिया लगावे रसबूँदिया,
नेहिया से मातल सिहरेला देहिया।

**चारुदत्त** : आवन सनेस सुनि, सुन मोरी गुइयाँ,
बटिया जोहत तोर बीते दिन-रतिया।
तन मन अगिया लगावे रसबूँदिया
सिहरतम देहिया के बाँधि लेबो बहिंया।

**वसन्तसेना** : हियवा के बोल सुनि, सुन मोरे गुइयाँ
मनवा पियासल, धड़कल छतिया।
तन मन अगिया...

*[दोनों गाते हुए मंच से बाहर चले जाते हैं। प्रकाश सिमटता है।]*

**मध्यान्तर**

*[सूत्रधार और नटी समाजियों के बीच से निकलकर तीव्रलय पर नृत्य करते हुए मंच पर आते हैं और मध्यान्तर के बाद का नाटक आरम्भ करते हुए झूमर गीत प्रस्तुत करते हैं। समाजी गायन में साथ देते हैं।]*

**[तर्ज़ : झूमर]**

**सूत्रधार और नटी :** पियउ महलिया की छहिंया रे बेसवा
रतिया बितवली हो।
रात भर जगली
मदन जगवली
पपनी पर पोस के सपनवा रे बेसवा
रतिया बितवली हो।
पियउ महलिया...
हिक भर निहरली
बहिंया में भर ली।
जिनगी में आइल सुदिनवा रे बेसवा
रतिया बितवली हो।
पियउ महलिया...

*[दोनों नृत्य करते हुए समाजियों के बीच जाकर बैठ जाते हैं। गीत की धुन बजती रहती है।*

*वसन्तसेना का प्रवेश होता है। रात्रि-जागरण और समागम के बाद की तृप्ति जनित क्लान्ति का भाव। अस्त-व्यस्त वस्त्र, केशराशि और पुष्पमाल्य। मंच पर आकर बैठ जाती है और प्रसाधन करने लगती है। धूता का प्रवेश होता है।]*

**धूता :** ई रत्नावली वापस काहे किया?

**वसन्तसेना :** आपकी है, सो आप ही रखें। ई रत्नावली पर आपका अधिकार है।

**धूता :** सिरिफ ई रत्नावली पर हमारा अधिकार है? हमारे अधिकार की चिन्ता छोड़ो। आर्य तुमको रत्नावली भेंट दिए हैं, सो ई तुम्हारा हुआ। रख लो।

**वसन्तसेना :** हम का करेंगे ई रत्नावली लेके? हम तो आर्य के गुन की दासी हैं।

**धूता :** अउर हमारे वास्ते आर्य ही गहना-गुरिया हैं। रत्न अउर सोना हमारा धरम ना है। लो रत्नावली पहिन लो।

**वसन्तसेना :** आर्या!

*[रोते हुए रोहसेन का प्रवेश। पीछे-पीछे मिट्टी की गाड़ी लिये रदनिका आती है। रोहसेन को मनाने का प्रयत्न करती है। सूत्रधार और समाजी खेलौना गीत गाते हैं। गीत-ध्वनि के बीच मंच पर निःशब्द नाट्य चलता रहता है। पहले रदनिका, फिर धूता और अन्त में वसन्तसेना रोहसेन को मनाने का प्रयत्न करती हैं।]*

**[तर्ज़ : खेलौना]**

**समाजी :** केकर हउवन बाला कुँवरवा, केकर घर-अँगना
कि आहो लाल,
कवने करनवा रोवे कुँवरवा, रोवे रे अँगना।
दानी के हउवन बाला कुँवरवा, दानी के घर-अँगना
कि आहो लाल,
सोनागाड़ी माँगे कुँवरवा, रोवे रे अँगना।

*[वसन्तसेना अपने सारे आभूषण उतारने लगती है। जैसे ही वह आभूषण उतारना आरम्भ करती है, गीत-ध्वनि रुक जाती है। वह अपने आभूषण एक-एक कर मिट्टी की गाड़ी में भरती है। सूत्रधार और समाजी पुनः गायन आरम्भ करते हैं। रोहसेन प्रसन्न होकर नाचने लगता है। वह गाड़ी खींचता है और पीछे-पीछे वसन्तसेना दौड़ती है। मंच पर दोनों खेलते हुए कई चक्कर लगाते हैं। रदनिका भी खेल में शामिल होती है। धूता जड़वत् खड़ी यह सब देखती रहती है।]*

**समाजी :** माटीगाड़ी में भरली रे सोनवा, तजि देली गहना,
कि आहो लाल,
अँचरा से ममता लुटावे रे बेसवा, खेले रे अँगना।
निरखि-निरखि हुलसत हियवा, रस बरसे अँगना,
कि आहो लाल,
चेरिया संग नाचे कुँवरवा, खेले रे अँगना।

*[रदनिका के साथ नाचते-खेलते रोहसेन मंच से*

*बाहर निकल जाता है। धूता और वसन्तसेना उसे जाते हुए देखती रहती हैं। रोहसेन के जाने के बाद धूता पराजित भाव से शीत-दृष्टि के साथ वसन्तसेना को घूरती हुई मंच से बाहर चली जाती है। धूता के रूखे व्यवहार से आहत वसन्तसेना श्लथ पैरों से चलती हुई पुनः वहीं आकर बैठ जाती है, जहाँ बैठकर प्रसाधन कर रही थी। मंच के दूसरे हिस्से में गाड़ी लिये चारुदत्त के गाड़ीवान का प्रवेश होता है।]*

**गाड़ीवान** : रदनिका!...रदनिका! आर्या वसन्तसेना से कह दो, हम गाड़ी लेके आ गए। आर्य बाग में बुलाए हैं।

*[रदनिका का प्रवेश]*

**रदनिका** : *(वसन्तसेना से)* आर्या, गाड़ी आ गई।

**वसन्तसेना** : बोल दे, छिन भर ठहरें। हम सिंगार कर लें।

**रदनिका** : *(वहीं से आवाज़ देती है।)* छिन भर ठहरो। आर्या सिंगार कर लें।

**गाड़ीवान** : अरे! हम तो गाड़ी का परदा भूल गए। आर्या सिंगार करें तब तक ले आते हैं।

*[चारुदत्त का गाड़ीवान चला जाता है। शकार का गाड़ीवान प्रवेश करता है। वहीं गाड़ी रोकता है, जहाँ चारुदत्त का गाड़ीवान रुका था।]*

**गाड़ीवान** : बढ़ो रे बढ़ो–बढ़ो!...आगे बढ़ो! अरे! काहे राह में भीड़ है भाई! हटो, हमारे सामने से।...राजा के सार की गाड़ी है,...चलो हटो...। आगे बढ़ो।

*[गाड़ी से उतरकर रास्ते का निरीक्षण करने के लिए निकल जाता है। वसन्तसेना और रदनिका आती हैं।]*

**रदनिका :** आर्या, गाड़ी तो खड़ी है।

*[वसन्तसेना गाड़ी पर बैठ जाती है।]*

**वसन्तसेना :** अब तू रह अउर हम चले।...पर रदनिका जाने काहे हमारी दाहिनी आँख फड़क रही है! ई सुभ ना है रे।

**रदनिका :** आर्या, धीरज रखें। सब सुभ होगा।

*[रदनिका चली जाती है। गाड़ीवान रास्ते का निरीक्षण करके वापस आता है।]*

**गाड़ीवान :** *(स्वगत)* हाँ, अब राह साफ हो गई। *(बैलों से)* चलो, ...आगे बढ़ो।...भारी लग रही है का? थक गए?...हमहुँ तो थक गए आज।...चलो...आगे बढ़ो।

*[गाड़ीवान गाड़ी में वसन्तसेना को लेकर चला जाता है। नेपथ्य से घोषणा होती है।]*

**नेपथ्य से :** सावधान हो जाओ रे भाई! बन्दी आर्यक जेहल तोड़कर...पहरेदार सबको मारकर,...बन्धन, काटकर भागा है।...पकड़ो...पकड़ो...बन्दी आर्यक भागा है।... पकड़ो...

*[आर्यक का प्रवेश। हाथ-पाँव में बेड़ी-हथकड़ी। पैर घसीटते, लड़खड़ाते हुए मंच पर परिक्रमा करता है। छन्दबद्ध संवाद बोलने के बाद आर्यक गीत गाता है। गीत की पंक्ति–'राजा-*

*राज-पाट' की आवृत्ति समाजियों द्वारा की जाती है।]*

**आर्यक :** गजराज जस भागे हम
तोड़ि के बन्हन भारी,
हाथ-पाँव में लटकत बेड़ी
कथा कहे हमारी।
हमारी बानी सुनि
भयभीत भइल राजा पालक,
आर्यक हमरे नाम
सुनो हम गोपन के बालक।

**[तर्ज़ : कुँवर बिजयीमल]**

राज-पाट एक दिन जइहन तोहार, राजा राज-पाट।
माटी मिलि जइहन सोना-तरुआर, राजा राज-पाट।
पाप करे रात-दिन रजवा तोर सार, राजा राज-पाट।
पापी तू बिसारि देले नीति-बेवहार, राजा राज-पाट।
अब राजा बनिहें गोप के कुमार, राजा राज-पाट।

*[चारुदत्त का गाड़ीवान प्रवेश करता है। आर्यक छिपता है।]*

अरे! ई गाड़ी तो हमारी ओर रही है। वाह रे विधना! तुम्हारी किरपा,...हमारे वास्ते गाड़ी भेज दिए!

*[गाड़ीवान गाड़ी रोकता है।]*

**गाड़ीवान :** रदनिका! रदनिका!—आर्या से कहो, चलें।

**आर्यक :** ई तो कवना बेसवा की गाड़ी है! एहि पर चढ़ जाते हैं। जो होगा, सो होगा।

*[आर्यक गाड़ी पर बैठ जाता है।]*

**गाड़ीवान** : लगता है बइठ गईं आर्या। आर्या का गहना-गुरिया झन-झन कर रहा है। *(बैलों से)* चलो रे...बढ़ो...।

*[गाड़ीवान चला जाता है। दूसरी ओर से आर्यक को ढूँढ़ते हुए चन्दनक और वीरक प्रवेश करते हैं।]*

**वीरक** : चन्दनक! एहि ओ आओ। देख लें। का जाने एहि ओर आया हो।

**चन्दनक** : अरे वीरक! जल्दी करो, जल्दी। आर्यक ना पकड़ाया, तो राजा की लछमी गई आर्यक के हाथ। कवन काटा बेड़ी-हथकड़ी? कवन छुड़ाया रे? अरे केकरे जनम कुंडली का गनना गड़बड़ाया? कवन आदमी के कपार पर मउवत नाच रही है कि हमारे जीते जी छुड़ा ले गया?

**वीरक** : हम किरिया खा के कहते हैं कि बिना पकड़े छोड़ेंगे ना। भोर ना हुई थी, सूरज ना निकला था कि भाग गया।

*[चारुदत्त के गाड़ीवान का प्रवेश।]*

**चन्दनक** : ऊ देखो...गाड़ी आ रही है। ना जाने कवन आदमी की गाड़ी है अउर कहँवा जा रही है!

**वीरक** : ए गाड़ीवान! गाड़ी रोक। कवन आदमी की गाड़ी है? कवन बइठा है? कहँवा जा रहा है रे गाड़ी ले के?

**गाड़ीवान** : आर्य चारुदत्त की गाड़ी है।...ई में वसन्तसेना बइठी हैं। चारुदत्त से मिले जा रही हैं।

**चन्दनक** : जाने दो।

**वीरक** : बिना देखे?

**चन्दनक** : हाँ।

**वीरक** : कवन भरोसे।

**चन्दनक** : आर्य चारुदत्त के भरोसे।

**वीरक** : कवन है चारुदत्त, अउर कवन है वसन्तसेना कि बिना देखे गाड़ी जाए दें?

**चन्दनक** : अरे! का कह हो भइया! तुम चारुदत्त अउर वसन्तसेना को ना जानते हो?

**वीरक** : जानते हैं। दोनों को जानते हैं, पर भइया राज-काज में हम अपने पुरखों को भी ना पहचानते हैं।

**आर्यक** : *(स्वगत)* वीरक हमारा पुराना सतरू है अउर चन्दनक पुराना संगतिया, दोनों के सुभाव में केतना फरक है!

**चन्दनक** : देख लो भाई। तुम राज के परधान सेनापति हो।

**वीरक** : सेनापति तो तुमहुँ हो। तुम ही देखो।

**चन्दनक** : हमारे देखे से तुम्हारा देखना तो ना हो जाएगा।

**वीरक** : तुम देख लो,–हम समझेंगे कि राजा पालक देख लिए।

**आर्यक** : *(स्वगत)* अब का करें! साथ में कवनो हथियार ना है। भीम जइसा जुध करना पड़ेगा।! ना, लड़ेंगे ना। अइसा समय में लड़ने का साहस ठीक ना है।

**चन्दनक** : परदा हटा रे।

*[चन्दनक गाड़ी के पास जाता है और स्वयं परदा हटाता है।]*

**आर्यक** : हम तुम्हारी सरन में है।

**चन्दनक** : कवन? आर्यक! सरन में हो तो चिन्ता मत करो। *(स्वगत)* आर्यक तो हमारे संगतिया सरविलक का

साथी है। सरन में है, पर दूसरी ओर राजा का अपराधी है। का करें! हम तो एहिके वचन दे दिए।... अच्छा कवनो बात ना है। सरन में आए आदमी की रच्छा में गर जान भी चली जाए, तो कवनो फरक ना पड़ता है।...ई में कवनो निन्दा ना है। *(वीरक से)* हम आर्य को...ना-ना हम आर्या को देख लिये।

**वीरक :** देख लिए!...अच्छा। हमहुँ देख लें भाई। राज-काज का मामला है अउर हम ठहरे राजा के विस्वासी।

**चन्दनक :** तो हम विस्वासी ना हैं का?

**वीरक :** राज-काज का मामला है भाई।

**चन्दनक :** अरे जब हम देख लिये, तो तू कवन है देखे वाला?

**वीरक :** चल हट। तू कवन है देखे वाला?

**चन्दनक :** तू अपने को बड़ा वीर-बहादुर समझता का है रे! अपनी जात मालूम है तुझे?

**वीरक :** का है हमारी जात? बोल, का है हमारी जात?

**चन्दनक :** नीच जात का नाम कवन ले!

**वीरक :** जब तो बिन बोलवाए छोड़ेंगे ना।

**चन्दनक :** अरे हज्जाम की औलाद!—बाप-दादा हाथ में उस्तरा लेकर हजामत बनाते रहे अउर तू बन गया तलवार लेकर सेनापति!

**वीरक :** अपनी जात भूल गया रे नीच?

**चन्दनक :** बता,...बता हमारी जात!

**वीरक :** ना बोलेंगे अपने मुँह से तुम्हारी नीच जात।

**चन्दनक :** बता, ना तो...बोल!

**वीरक :** तुरही महतारी, बाप ढोल। चमार है तू।

**चन्दनक :** हम चमार हैं! अच्छा, तो आ। तू देख गाड़ी। हज्जाम की औलाद, तू देख गाड़ी।

*[चन्दनक-वीरक में झगड़ा होता है। चन्दनक पैर से वीरक को मारता है।]*

**वीरक :** तू हमारे ऊपर लात चलाया! देख लेंगे तुम्हारी औकात साले। हम परधान सेनापति हैं, परधान। सजाय ना दिलवाया, तो कहना।

**चन्दनक :** जा रे, जा। हज्जाम की औलाद साला। जा, राजा के तलुवे चाट। कूकुर-सियार साला हमको फाँसी पर चढ़वाएगा!

**वीरक :** देख लेंगे साले तुमको।

*[वीरक का प्रस्थान।]*

**चन्दनक :** गाड़ीवान! कवनो आदमी पूछे तो कहना चन्दनक अउर वीरक गाड़ी देख लिये हैं। *(आर्यक को अपनी तलवार देते हुए)* ई निसानी हमारी ओर से। आर्य! हम कवनो लालच के चलते ई ना दे रहे हैं।

**आर्यक :** चन्दनक, तुम तो चन्दन जइसा सीतल हो भाई।

**चन्दनक :** अब आप जाएँ। सतरू पर विजय हो। कल्यान हो।

*[गाड़ीवान और आर्यक का प्रस्थान]*

अब हमहुँ चलें। हमारा संगतिया सरविलक तो आर्यक के साथ हो गया। हमहुँ आर्यक के साथ हो जाएँ। चलें।

*[चन्दनक का प्रस्थान। समाजी गीत गाते हैं। गायन चलता रहता है और मंच पर आर्यक की गाड़ी परिक्रमा करती है।]*

**[तर्ज़ : देवी गीत]**

**समाजी :** राज के जेहलवा के भागे आरयकवा
से रुनु-झुनु बोले,
बेड़ी-हथकड़िया से रुनु-झुनु बोले।
आरयक के साथवा भइले चन्दनकवा
फुलाए लगली रे,
बिदरोहवा के अगिया फुलाए लगली रे।
माटी के गरभवा भुलइहें नाहिं बीजवा,
से फाटि जइहें रे,
धरती के छतिया से फाटि जइहें रे।

*[आर्यक को लिये हुए गाड़ी चारुदत्त के बाग़ में पहुँचती है। चारुदत्त और मैत्रेय वसन्तसेना की प्रतीक्षा कर रहे हैं।]*

**मैत्रेय :** संगतिया! सुआगत करो आपनी परान-पियारी का। *(गाड़ीवान से)* अरे दाई का बेटा! देर काहे किया रे?

**गाड़ीवान :** का करें आर्य! राह में बहुत भीड़ थी।

**चारुदत्त :** संगतिया, नीचे उतारो वसन्तसेना को।

**मैत्रेय :** हम का तुम्हारे नौकर-चाकर हैं अउर ई हमारी मालकिन? हाथ-पाँव में महावर लगा है का कि ना उतरा जा रहा है!

*[खीझते हुए गाड़ी के पास जाकर पर्दा हटाकर झाँकता है।]*

संगतिया!–ई में तो कवनो वसन्तसेन बइठा है!

**चारुदत्त :** काहे हँसी-ठट्ठा करते हो भाई? जल्दी करो। विरह का दुख अब ना सहाता है।

**मैत्रेय :** साँच कह रहे हैं भाई।

**चारुदत्त :** हटो, हम उतारते हैं।

*[चारुदत्त गाड़ी का पर्दा हटाता है। आर्यक को गाड़ी में देखकर चौंकता है।]*

**आर्यक :** हम हैं गोप कुमार सरन में तुम्हारी,
आर्यक हमरे नाम।
रजवा अतियाचार से आकुल,
राजदरोह अपराध किए हम।

**चारुदत्त :** गाड़ीवान! काट दे बेड़ी-हथकड़ी, खोल दे बन्हन सगरे।

*[गाड़ीवान आर्यक का बन्धन खोलता है।]*

**आर्यक :** ई एहसान,...ई किरपा हम जिनगी भर ना भूलेंगे।

**चारुदत्त :** धन्य भाग हमारा! एहसान तो आप किए कि हमारे ऊपर भरोसा करके हमारी गाड़ी से हम तक आए।

**आर्यक :** अब जाएँगे। हिंया ठहरना ठीक ना है।

**चारुदत्त :** हाँ, जल्दी निकल जाएँ। एहि गाड़ी से ही चल जाएँ। बेड़ी अबहिंए कटी है, सो जल्दी-जल्दी ना चल पावेंगे। ई गाड़ी में बइठ के जाए से कवनो आदमी को सन्देह भी ना होगा।

*[समाजी गीत गाते हैं। आर्यक और चारुदत्त गले मिलते हैं।]*

**[तर्ज़ : देवी गीत]**

**समाजी :** काटि देले बेड़िया, हथकड़िया
से खुलि गइल ना,
रजवा बन्हनवा से खुलि गइल ना।
एक बन्हन खोले दूसर बन्हन बान्हे
से नेहिया बन्हन ना,
चारुदत्त बान्हि देले से नेहिया बन्हन ना।

*[आर्यक चला जाता है। मैत्रेय और चारुदत्त भी प्रस्थान करते हैं। दूसरी ओर से बौद्ध भिक्षु के रूप में संवाहक का प्रवेश होता है।]*

**[तर्ज़ : कवनी लोककथा]**

**भिक्षु :** बौद्ध भिखारी भइनी
सुन, सुने रे सुन।
आपन रूप बदलनी
सुन, सुन रे सुन।
मन के मइल मेटवनी
सुन, सुन रे सुन।
धरम की राह पकड़नी
सुन, सुन रे सुन।

चलते-चलते हम कहँवा आ गए! अरे! हम तो राजा के सार के बाग में पहुँच गए। अहा! हा! कइसा सुन्नर पोखर है! चीवर मइल हो गया है, सो पोखर में धो लेते हैं।

*[पोखर में चीवर धोने का नाट्य करता है। शकार अपने विट के साथ प्रवेश करता है।]*

**शकार :** अरे दुश्ट भिखारी! ठहर तू।

**भिक्षु :** हे भगवान! राजा का सार आ रहा है। भारी पापी है। अब का करें!

**शकार :** ठहर दुश्ट!...शनकी! तेरा शिर मूली जइशा कच-कच चबाते हैं। ठहर तू।

*[भिक्षु को मारता है।]*

**विट :** अरे दाई का बेटा! ई का करता है? गेरूआ कपड़ा पहने भिखारी को मारने से पाप लगता है।...छोड़ो, देख, कइसा सुन्नर बाग है।

**विट :** किरोध ना करे।

**शकार :** पंडित, ई हमको गाली दे रहा है।

**विट :** अरे मूरख! तुम्हारी बड़ाई कर रहा है।

**विट :** बड़ाई! शुनाओ-शुनाओ।

**भिक्षु :** आप देवता हैं। आप भगवान हैं।

**शकार :** पंडित, ई फिर हमको गाली दे रहा है।

**विट :** ना रे मूरख। तुम्हारी बड़ाई कर रहा है।

**शकार :** पर पंडित, ई हिंया काहे वाश्ते आया!

**भिक्षु :** हम अपना चीवर धोने आए थे।

**शकार :** अरे दुश्ट भिखमंगा! ई बाग, ई पोखर हमारे बहनोई हमको भेंट में दिए हैं। मानुश में शबशे बड़ा मानुश हम तो हिंया श्नान ना करते हैं अउर तू अपना चीवर धोएगा! हम तुम्हारा शिर फोड़ देंगे।

**विट :** अइसा लगता है कि एहि के संन्यासी बने बहुत दिन ना हुए।

**शकार :** अइशा कइशे लगता है?

**भिक्षु :** सही बोले आप। हम हाल ही में संन्यासी हुए हैं।

**शकार :** काहे रे! तू जनम शे शंन्यासी काहे ना हुआ?

*[भिक्षु को मारता है। भिक्षु भाग जाता है।]*

**विट :** अरे रखैल की औलाद! मार-पीट छोड़ अउर देख, कइसा सुन्नर बाग है!

**शकार :** ठीक है पंडित। शचमुच! देखो, कइशे झूल रहे हैं बानर, जइशे कटहल का फल लटका हो।...पर पंडित वशन्तसेना की बहुत याद आती है। कलेजा में भाला जइशा गड़ गई है।

**विट :** *(दर्शकों से)* कइसा नीच है! ऊ बेसवा थूक गई एकरे मुँह पर,...लतिया गई,...अउर फिर भी एकरी वासना ना मरी।

**शकार :** पंडित, गाड़ी ले के गाड़ीवान ना आया। कइशे जाएँगे हम?

**विट :** धीरज रख। आवेगा।

**शकार :** पंडित, तुमको शंगीत शुनाएँ? हींग अउर मरीज की बुकनी में मिला के कोयल का माँश खाए हैं हम, शो बहुत शुरीला गाते हैं। शुनावें?

**विट :** गाड़ी आ गई।

**शकार :** हाँ, शुअर जइशा घुर-घुर रहा है चक्का।

*[शकार का गाड़ीवान गाड़ी लेकर आता है।]*

आ गया तू?

**गाड़ीवान :** हाँ स्वामी।

**शकार :** गाड़ी।

**गाड़ीवान :** गाड़ी भी।

**नशकार :** बैल?

**गाड़ीवान :** बैल भी।

**शकार :** और तू?

**गाड़ीवान :** हमहुँ आ गए स्वामी।

**शकार :** कइशे रे? अरे कइशे आ गया रे? राह में ना बैल टूटे, ना गाड़ी मरी अउर तू भी आ गया! *(विट से)* पंडित, चलो गाड़ी में बइठें।

**विट :** चलो।

**शकार :** पंडित जी महाराज! पहिले आप बइठें। आप हमारे गुरु हैं, परमगुरु।

**विट :** पहिली बार तुम्हारे मुँह से अकिल का बोल सुने हैं।

*[विट बैठने के लिए आगे बढ़ता है।]*

**शकार :** अरे पंडित शाला! गाड़ी का तुम्हारे बाप की है, जो पहिले बइठ रहा है? हम गाड़ी के श्वामी हैं, शो पहिले हम बइठेंगे।

**विट :** तुम ही तो बोले कि पहिले बइठो।

**शकार :** तो तुम काहे ना बोले कि ना श्वामी पहिले तुम बइठो! पहिले हम बइठेंगे।

*[शकार बैठने के लिए गाड़ी का पर्दा हटाता है। गाड़ी में वसन्तसेना को देखते ही डरकर चीखता है।]*

**शकार :** पंडित! पंडित! बचाओ रे! मर गए! राछशी! राछशी है गाड़ी में।

**विट :** अरे मूरख! डर मत। राछसी गाड़ी में बइठ के काहे आएगी! दुपहिरया की घाम से तुम्हारी आँख चौंधिया गई है।

**शकार** : ना पंडित। गाड़ी में कवनो श्त्री बइठी है। शचमुच की श्त्री!

**विट** : साँच?

**शकार** : हाँ शाँच! अरे गाड़ीवान, देख तो।

**गाड़ीवान** : हम ना देखेंगे रे दादा।

**शकार** : पंडित, तुम देखो तो।

**विट** : ठीक है। देखते हैं। *(देखने के लिए आगे बढ़ता है।)*

**शकार** : *(स्वगत)* राछसी हमको अपने दाँत शे देख लेगी अउर आँख शे खा जाएगी, शो हम छिप जाते हैं।

*[शकार छिपने का नाट्य करता है। विट जाकर गाड़ी का पर्दा हटाता है। वसन्तसेना को गाड़ी में पाकर चौंकता है।]*

**विट** : अरे! वाह! हिरनी आई बाघ के पास! कइसी दुख की बात है कि पूरनमासी के चाँद जइसे हंस को छोड़के हंसनी आई कउवा के पास, धन के लोभ में।

**वसन्तसेना** : ना...ना...

**विट** : बेसवा ठहरी तुम। धन का लोभ तो सुभाव है तुम्हारा। हम पहिले ही बोले थे कि मोर हो चाह कउवा...

**वसन्तसेना** : हमको गलत मत समझिए। गाड़ी बदल जाए से हम हिंया आए। अब आपके सरन में हैं।

**विट** : सरन में हो! ठीक है। कुछ छल-कपट करते हैं।

*[शकार के पास जाकर]*

गाड़ी में तो सचमुच की राछसी है।

**शकार** : राछशी है!...राछशी है, तो तुमको काहे ना खा गई! झूठ बोलते हो।...छल कर रहे हो। हम देखंगे।

*(देखता है।)* अरे पंडित! धन मिल गया! धन! ऊ दिन हम वशन्तशेना को गुश्शा कर दिए थे, पर आज पाँव पकड़ के परशन्न करेंगे। *(वसन्तसेना से)* शुन! शुन हमरी माई। देवी! शुन्नर नोह अउर शुन्नर दाँत वाली श्त्री शुन। हमको छिमा कर दे *(गाड़ीवान से)* अरे! तू कहवा शे उठा लाया रे?

**गाड़ीवान :** चारुदत्त के घर के पास राह में भीड़ थी। हम गाड़ी रोककर राह की भीड़ देखे गए थे। लगता है, भूल से बइठ गई।

**शकार :** *(वसन्तसेना से)* तो गाड़ी बदल जाए शे आई है। हमशे परेम करे वाश्ते ना आई है।...उतर जा।...उतर रखैल की बेटी। परेम करती है ऊ शशुरे कंगले चारुदत्तवा शे अउर बैल थकाती है हमारा!

*[वसन्तसेना की चोटी पकड़कर खींचता है।]*

**विट :** अरे पापी! औरत का बाल पकड़ के खींचे से पाप लगता है। छोड़ दे।...उतर जा वसन्ती।

*[शकार उसकी चोटी नहीं छोड़ता। वसन्तसेना पैर से प्रहार करती है। शकार नीचे गिरता है। वसन्तसेना गाड़ी से बाहर आती है।]*

**शकार :** पंडित। ऊ दिन ई हमको गाली दी अउर हम छोड़ दिए।...आज लात शे मारी है। हमारे मुँह में आग शुलग रही है। पंडित एहिके जान शे मार दो।

**विट :** अरे पापी! औरत को कइसे मारे दें! अउर वसन्तसेना को, जवन बेसवा तो है, पर सगरे नगर जेकरे परेम, सुभाव अउर गुन का आदर करता है।

**शकार :** पंडित, मार दो।

**विट :** हम ना मारेंगे। परलोक कइसे पार करेंगे?

**शकार :** हम नाव दे देंगे। चढ़ के पार उतर जाना। अइशा करते हैं, चादर में लपेट के मारते हैं कवनो आदमी ना देखेगा।

**विट :** मूरख! नीच! पापी!

**शकार :** बूढ़ा! शुअर! शाला परलोक शे डरता है। *(गाड़ीवान से)* तू मार दे। हम तुमको शोने का कँगना देंगे।

**गाड़ीवान :** ना स्वामी, हम ई पाप ना करेंगे।

**शकार :** ना करेगा?

**गाड़ीवान :** ना।

**शकार :** फिर शे बोल।

**गाड़ीवान :** हम ना करेंगे ई पाप।

*[गाड़ीवान को मारता है। वह भाग जाता है।]*

**शकार :** गीदड़ शाला! परलोक शे डरता है?...पाप शे डरता है?...हम है राजा के शार–हम कवनो से ना डरते हैं। *(वसन्तसेना से)* अब तुमको मारेंगे।

*[वसन्तसेना का गला पकड़ लेता है। विट छुड़ाता है और शकार को नीचे गिरा देता है।]*

**विट :** हमारे सामने तो ना मार सकोगे तुम।

**शकार :** तुम अपने श्वामी को मारते हो। शब दिन घी अउर माँश खिलाके कुकुर जइशा मोटा किए रहे अउर अब हमको शमय पर शाथ ना दे रहे हो। *(विट के पास जाकर)* पंडित! शुनो। एहि के लाज लग रही है। तुम्हारे शामने हमशे परेम ना करना चाहती है। तुम

जाओ अउर गाड़ीवान को मनाकर लाओ।

**विट :** *(स्वगत)* का जाने ई बात साँच हो! हमारे चलते लजा रही हो, झूठ बोल रही हो! बेसवा ठहरी। *(जाने लगता है।)*

**वसन्तसेना :** आर्य! हम आपकी सरन में हैं।

**विट :** डरो मत वसन्ती। *(शकार से)* देखो, ई हमारी धरोहर है तुम्हारे पास।

**शकार :** हम तुम्हारी धरोहर ठीक शे रखेंगे।

**विट :** साँच?

**शकार :** हाँ शाँच कहते हैं।

*[विट का प्रस्थान।]*

ए वशन्ती! आओ, हमारे पाश आओ। शोना देंगे। हम अपना शिर तुम्हारे पाँव पर रखते हैं। *(वसन्तसेना के पैरों पर गिर जाता है।)* आ, हमशे शनेह करो।

**वसन्तसेना :** पापी! हमको लोभ दे रहा है। थू-थू...नीच। आर्य चारुदत्त तो हमारी साँस में बसते हैं।

**शकार :** कमीनी! तू उश कंगले का नाम ले रही है अउर हमको गाली दे रही है! अब तो जान शे मार देंगे। ले उश कंगले का नाम...ले...।

*[वसन्तसेना 'चारुदत्त' रटती है। शकार उसका गला दबाता है। वसन्तसेना नीचे गिर जाती है। शकार हँसता है। विट और गाड़ीवान प्रवेश करते हैं।]*

**विट :** कहँवा है हमारी धरोहर?

**शकार :** चली गई।

**विट** : कहँवा?

**शकार** : तुम्हारे पीछे-पीछे।

**विट** : हम तो पच्छिम गए थे।

**शकार** : ऊ भी पच्छिम गई।

**विट** : ना, हम तो पूरब गए थे।

**शकार** : वसन्तसेना भी पूरब गई।

**विट** : काहे उलटा-सीधा बक रहा है रे! साँच बता कि कहँवा गई?

**शकार** : शाँच बोलें?

**विट** : हाँ, बोल।

**शकार** : मार दिए।

**विट** : ई का किया रे रखैल की औलाद! सचमुच मार दिया?

**शकार** : हाँ, देखो। तुम्हारे शिर की शौं, अपने हाथ शे मार दिए। *(विट को साथ ले जाकर दिखाता है।)* देखो, राज के शार की बहादुरी अपनी आँख शे देखो।

*[नीचे गिरी वसन्तसेना को देखकर विट कातर हो उठता है।]*

**विट** : हाय रे विधना! आजा कामदेव का हाट उजड़ गया। रति अपने नगर चली गई।

**शकार** : *(रोने का नाट्य करते हुए)* पंडित, तुम हमारी वशन्तसेना को मार के भाग रहे हो अउर दोश हमारे ऊपर लगा रहे हो!

**विट** : पापी! नीच!

**शकार** : पंडित देवता! हम तुमको शौ शोने की मुहरें देंगे। हमारा दोश कवनो दूशर आदमी के माथे पर थोप दो।

**विट** : पापी! नरक में जाएगा तू। *(जाने लगता है।)*

**शकार :** जाते कहँवा हो? हमारे बाग में वशन्तसेना को मार के, ई पाप करके भागो मत। चलो हमारे बहनोई राजा पालक के पाश।

**विट :** *(अपनी तलवार म्यान से बाहर निकालते हुए)* ठहर पापी।

**शकार :** अच्छा, जाओ।

**विट :** चलें। हमहुँ चलें आर्यक के पास, जहँवा सरविलक और चन्दनक गए। अब ई राजा के राज में जिनगी अउर मान कुछ भी ना बचेगा।

*[विट का प्रस्थान।]*

**शकार :** गाड़ीवान, हम कइशा किए?

**गाड़ीवान :** बहुत बुरा किए।

**शकार :** ना रे ना। अइशा ना बोल। शुन, हमारे शब गहने तुम्हारे हुए। जब तक हम पहिने रहें हमारे, बाकी शमय तुम्हारे।

**गाड़ीवान :** हम का करेंगे गहना ले के?

**शकार :** अच्छा, जा। घर जा। हम आते हैं।

*[गाड़ीवान गाड़ी लेकर चला जाता है।]*

**शकार :** पंडित भागे जाने के डर शे। ई शशुरे गाड़ीवान को अपने घर बान्ह के रखेंगे ताकि भेद न खोले। जाते हैं कचहरी में, नालिश करेंगे कि वशन्तसेना को चारुदत्त मार दिया।...धन के वाश्ते छल शे मार दिया। ई शशुरी को शूखे घाश-फूश से तोप दें।

*[वसन्तसेना की नीचे पड़ी देह को सूखे पत्तों और घास-फूस से ढँकने का नाट्य करता है।*

*चलने लगता है तब तक सामने से भिक्षु आता हुआ दिखाई पड़ता है।]*

अरे बाप रे! मर गए। जवन राह जाते हैं शाले बौध-भिखारी मिल जाते हैं। अबहीं शाले को मार के भगाए थे। भाग जाते हैं, ना तो बैर निकाले वाश्ते हमारा नाम लगा देगा। *(शकार भाग जाता है।)*

**भिक्षु :** चीवर कहँवा सूखे वास्ते पसारें? चारों ओर से बानर घूम रहे हैं। फाड़ देंगे चीवर। जमीन पर सुखाते हैं, तो माटी लग जाएगी...एहि घास-फूस मार डाल देते हैं। *(चीवर डालता है और चौंक जाता है।)* अरे ई तो कवनो जनाना है! *(सूखे पत्ते और घास-फूस हटाने का नाट्य करता है।)* अरे! ई तो वसन्तसेना है! *(चीवर निचोड़कर चेहरे पर जल छिड़कने का नाट्य करता है।)* आर्या! आर्या!

**वसन्तसेना :** *(आँखें खोलती है।)* कवन हैं आप?

**भिक्षु :** हम? हम आपके दास हैं। आप सोने का कंगन देकर हमारी जान बचाई थी।

**वसन्तसेना :** पर ई रूप?

**भिखु :** हाँ, हम बौध भिखारी बन गए...। पर आपके साथ का हुआ?

**वसन्तसेना :** जवन एक बेसवा के साथ हो सकता है, सो हुआ।

**भिखु :** आर्या! हमारे साथ चलिए। कुछ दूरी पर हमारी धरम बहन रहती हैं। पहिले अपनी देह की रच्छा करिए।

*[वसन्तसेना उठती है। भिक्षु गाते हुए चलता है। पीछे-पीछे वसन्तसेना भी जाती है।]*

**[तर्ज़ : कवनी लोककथा]**

**भिक्षु :** तरुनी साथ चले हम,
सुन, सुन रे सुन।
हमरा दोस ना भइया,
सुन, सुन रे सुन।
धरम के काज ई भइया।
सुन, सुन रे सुन।
बौध भिखारी हम तो,
सुन, सुन रे सुन।

*[वसन्तसेना और भिक्षु का प्रस्थान। मंच पर क्रमशः अधिकरणिक, कायस्थ और शोधनक का पंक्तिबद्ध प्रवेश होता है। अधिकरणिक आसन ग्रहण करते हैं।]*

**अधिकरणिक :** बाहर देखो कि कवन-कवन आदमी नियाव वास्ते आया है।

**शोधनक :** *(बाहर निकलकर)* कवन-कवन आया है भाई, नियाव वास्ते? चलो, सामने आवो।

**शकार :** हम आए हैं रे, हम। शबशे बड़ा मानुश। शमूचे देश का शार...मतलब राजा का शार...शकार।

**शोधनक :** बाप रे! पहिले कौर में माछी गिर गई। छिन भर ठहरें सरकार...हम हाकिम को बता दें। *(भीतर जाकर)* राजा का सार शकार आया है।

**अधिकरणिक :** कवन आदमी का नाम लिया रे! जाके बोल दे, आज सुनवाई ना होगी।

**शोधनक :** *(बाहर जाकर)* आज सुनवाई ना होगी।

**शकार :** हमारी शुनवाई ना होगी! काहे शुनवाई ना होगी? कइशे ना होगी? राजा के शार हैं कि कवनो हँशी-ठट्ठा हैं? अपने बहनोई शे कह के शब शालों को नौकरी शे निकलवा देंगे।

**शोधनक :** छिन भर ठहरें सरकार *(भीतर जाकर)* राजा का सार कहता है कि नौकरी से निकलवा देंगे।

**अधिकरणिक :** भेज दे भीतर।

**शोधनक :** *(बाहर जाकर)* चलिए सरकार। सुनवाई होगी।

**शकार :** पहिले बोले शुनवाई ना होगी, अउर अब बोलते हो शुनवाई होगी? अच्छा! शमझ गए। हमशे डर गया हाकिम। जवन-जवन कहेंगे, शो शब पर भरोशा करेगा।

*[शोधनक के साथ शकार का न्यायालय में प्रवेश।]*

**अधिकरणिक :** बइठो।

**शकार :** हम राजा के शार हैं। मन करेगा, बइठेंगे, अउर ना मन करेगा, ना बइठेंगे।

**अधिकरणिक :** तुमको नियाव चाहिए?

**कायस्थ :** तुमको नियाव चाहिए?

**शोधनक :** तुमको नियाव चाहिए?

**शकार :** हाँ।

**शोधनक :** बोलो, का हुआ?

**शकार :** कान में बोलेंगे।

**शोधनक :** ई कान में बोलेगा।

**अधिकरणिक :** कवन कान में बोलेगा।

**शोधनक :** ई राजा का सार।

**अधिकरणिक :** बोलो। कान में बोलो।

**शकार :** *(अधिकरणिक के पास जाकर)* राजा का शशुर हमारा बाप अउर राजा हमारे बाप का जमाई है। हम राजा के शार अउर राजा हमारी बहिन का भतार है।

**अधिकरणिक :** सब जातने हैं हम। आगे बोलो।

**शकार :** हमारे बाग में एक श्त्री का शरीर पड़ा है।

**अधिकरणिक :** कवन स्त्री का?

**शकार :** वशन्तसेना का शरीर है। ई नगर में शब जानते-पहचानते हैं वशन्तसेना को। कवनो नीच आदमी गहना-गुरिया वाश्ते गला दबा दिया है..., पर हम ना दबाए हैं।

**अधिकरणिक :** लिखो, कहता है कि हम ना दबाए हैं।

**कायस्थ :** हम...ना...दबाए...हैं।

**अधिकरणिक :** लिख लिया?

**कायस्थ :** लिख दिया।

**अधिकरणिक :** पर तुम कइसे जाने कि धन अउर गहना-गुरिया वास्ते गला दाब के मार दिया?

**शकार :** वशन्तसेना के गला में धागा था, पर हार ना था..., कवनो अंग में गहना ना था, शो हम शोचे।

**कायस्थ :** सही बात।

**शोधनक :** सही बात।

**अधिकरणिक :** सही बात।

**शकार :** शही बात *(प्रसन्न होकर)* शही बात...शही बात।

**अधिकरणिक :** कवन आदमी पर सन्देह है?

**कायस्थ :** कवन आदमी पर सन्देह है?

**शोधनक :** कवन आदमी पर सन्देह है?

**शकार :** चारुदत्त पर। वशन्तसेना चारुदत्त के घर गई थी।

**अधिकरणिक :** चारुदत्त को हाजिर करो।

**कायस्थ :** चारुदत्त को हाजिर करो।

**शकार :** चारुदत्त को हाजिर करो। *(ताली बजाते हुए)* हाजिर करो...हाजिर करो...हाजिर करो।

**शोधनक :** *(बाहर जाकर)* चारुदत्त हाजिर हो।

*[शोधनक के साथ चारुदत्त का न्यायालय में प्रवेश।]*

**शोधनक :** पधारिए।

**कायस्थ :** पधारिए।

**अधिकरणिक :** पधारिए।...विराजिए।

**कायस्थ :** विराजिए।

**शोधनक :** विराजिए।

**शकार :** आ गया। श्त्री का हतियारा, पापी आ गया। अरे ई कइशा नियाव है कि हतियारा को आशन दे रहा है!

**अधिकरणिक :** आर्य! बेसवा वसन्तसेना आपकी संगतिया है?

**शकार :** शरमा रहा है रे? दाई शे गरभ छिपाता है? धन के वाश्ते श्त्री का गला दबा दिया अउर अब शरमा रहा है!

**अधिकरणिक :** बोलिए आर्य! लाज करे से काम ना चलेगा। आप पर नालिश हुआ है।

**चारुदत्त :** कवन किया है?

**शकार :** हम किए हैं।

**चारुदत्त :** का बक-बक कर रहे हो तुम?

**शोधनक :** का बक-बक कर रहे हो तुम?

**अधिकरणिक :** का बक-बक कर रहे तुम? आर्य! बोलिए, वसन्तसेना से आपका कवनो सम्बन्ध था?

**चारुदत्त :** हाँ।

**अधिकरणिक :** कवन आदमी के साथ गई?

**चारुदत्त :** हम पहिले ही बोल दिए हैं कि अपने घर गई।

**शकार :** अरे झूठा, तू अपने हाथ शे गला दाब के मार दिया अउर कहता है घर गई!

**चारुदत्त :** हमारे सामने ना गई, सो हम ना बता सकते हैं कि कइसे गई।

*[न्यायालय के बाहर शोर होता है। वीरक का प्रवेश]*

**वीरक :** हमको नियाव चाहिए...हमको नियाव चाहिए।

**अधिकरणिक :** का बात है वीरक? का हुआ?

**वीरक :** हमको नियाव चाहिए।...जवन समय आर्यक बन्हन तोड़ के भागा, ओहि समय भीड़ के बीच से एक गाड़ी जा रही थी। चन्दनक गाड़ी को जाँचा। हम बोले कि हम परधान सेनापति हैं, सो हमहुँ गाड़ी देखेंगे। बस, एहि बात पर चन्दनक हम पर वार किया,...हमको लात से मारा।...हमको नियाव चाहिए।

**अधिकरणिक :** कवन आदमी की गाड़ी थी?

**वीरक :** आर्य चारुदत्त की थी।

**शोधनक :** साँच?

**वीरक :** एकदम साँच। गाड़ीवान बोला, ई में वसन्तसेना बइठी हैं अउर आर्य चारुदत्त से मिले जा रही हैं।

**शकार :** शुन लिया? अरे मूरख शब, शुन लिया?

**अधिकरणिक :** वीरक, तुम्हारा नियाव हम बाद में करेंगे। अभी जाओ। *(वीरक जाता है।)* अब तो मामला अउर उलझ गया। चारुदत्त, साँच बात बोलो?

**चारुदत्त :** जवन आदमी आज तक एक फूल अपने हाथ से ना

तोड़ा हो, ऊ आदमी औरत का गला दबा के मारेगा!

**शकार :** अरे पछपात ना करो रे।

**अधिकरणिक :** चारुदत्त, बोलो।

**कायस्थ :** बोलो चारुदत्त, बोलो।

**शकार :** *(हँसता है।)* डाल दिए,...अपना पाप दूशरे के शिर पर डाल दिए। चारुदत्त हमारी ओर देख के बोलो कि हम वशन्तसेना को गला दाब के मार दिए।

**मैत्रेय :** *(प्रवेश करते हुए)* संगतिया! ई विपत कइसे तुम्हारे गले पड़ गई? कवन अपना पाप तुम्हारे माथ पर थोप दिया?

**शकार :** हम थोप दिए।

**मैत्रेय :** अरे रखैल की औलाद! कमीना, राजा का सार! अपने तो तू सोने का बानर बना फिरता है अउर पाप मढ़ता है दूसरे के माथे पर! ठहर, तेरा सिर फोड़ते हैं।

**शकार :** शुन लो, शब लोग शुन लो। कउवा कहता है कि कपार फोड़ेंगे। तू शचमुच फोड़ेगा का रे? अइशा मत करना। हम राजा के शार हैं।

*[मैत्रेय मारने के लिए आगे बढ़ता है कि बगल में दबी गहनों की पोटली गिर जाती है।]*

देखो शब लोग। ई है वशन्तसेना का गहना। एहि वाश्ते श्त्री का गला दाब दिया।

**अधिकरणिक :** चारुदत्त, ई गहना तुम्हारा है?

**चारुदत्त :** ना।

**अधिकरणिक :** साँच बोलो, ना तो कोड़ा लगेगा।

**चारुदत्त :** ई गहना वसन्तसेना का है अउर ई भी साँच है कि हमारे घर से आया है।

**शकार** : अरे पापी! पहिले जान शे मार दिया अउर अब छल-कपट शे बात छिपाता है। शाफ-शाफ बोल कि जान शे मार दिया।

**चारुदत्त** : तुम बोल ही रहे हो।

**शकार** : शुन लिया? शब शन्देह दूर हो गया? वध दो पापी का।

**अधिकरणिक** : शोधनक, राजा का सार ठीक कह रहा है। चारुदत्त को हथकड़ी पहना दो। *(शोधनक हथकड़ी पहनाता है।)* राजा पालक के पास जाओ। कहना, चारुदत्त नीच है, पापी-हतियारा है, सो वध का हुकुम दें।

*[शोधनक बाहर जाता है और एक परिक्रमा करके वापस लौटता है।]*

**शोधनक** : राजा पालक ने हुकुम दिया कि जवन आदमी गहना वास्ते वसन्तसेना को मार दिया, ऊ आदमी के गले में गहना बान्ह के, डुग्गी पिटवा के, दखिन ओर के मुरदघटिया में ले जा के वध कर दिया जाए...।

*[शोधनक गहनों की पोटली चारुदत्त के गले में बाँध देता है। अधिकरणिक, कायस्थ, शोधनक और शकार चले जाते हैं। दो चांडाल आते हैं और चारुदत्त को घसीटते हुए लेकर चलते हैं।]*

**मैत्रेय** : संगतिया!

**चारुदत्त** : भाई समय नीक रहे, तो हर कोई आपन होता है अउर समय वाम रहे तो कवनो आदमी साथ ना देता है...। बहूरानी अउर रोहसेन की देख-भाल करना। जाओ।

*[मैत्रेय का प्रस्थान। चांडाल चारुदत्त को खींचते हुए मंच की एक परिक्रमा करते हैं। कोलाहल सुनाई पड़ता है। मंच के अग्रभाग में चारुदत्त को खड़ा करके चांडाल घोषणाएँ करते हैं।]*

**चांडाल-1 :** सुनो रे भाई! नगर के सगरे लोग सुनो।

**चांडाल-2 :** ई है विनयदत्त का पोता अउर सागर दत्त का बेटा–चारुदत्त। ई पापी धन के लोभ में बेसवा वसन्तसेना को छल से बाग में ले गया अउर गला दाब के मार दिया।

**चांडाल-1 :** अरे भाई सुनो! ई पापी चोरी के गहना-गुरिया सहित पकड़ा गया अउर अपना पाप सकार लिया।

**चांडाल-2 :** राजा पालक ई पापी का वध करे वास्ते हुकुम दिए हैं।

**[पूरबी : आलाप]**

**चारुदत्त :** संगी-साथी साथ छोड़ले,
आपनऽ पराया भइले,
केहू ना विपतिया में संगवा हो राम।

**चांडाल-1 :** अरे नीच! काहे बिना मतलब विलाप कर रहा है?

**चांडाल-2 :** गहना-गुरिया वास्ते बेसवा का गला दाब दिया अउर अब विलाप करता है! चल।

*[चांडाल चारुदत्त को लेकर बाहर चले जाते हैं। आर्यक के साथ चन्दनक, शर्विलक, शकार के विट का हाथों में तलवार लिये प्रवेश। चारों मंच पर आकर गीत गाते हैं। समाजी भी टेक की पंक्ति में साथ देते हैं।]*

**[तर्ज़ : कुँवर विजयी मल]**

**समूह स्वर :** राजपाट आज राजा जइहें तोहार,
राजा, राज-पाट।
नाहिं केहू सही अब दुखवा के भार,
एक से चार भइले चार से हजार,
राजा, राज-पाट।
सबके हाथ देखऽ आइल तरुआर,
नदिया के मुड़ि गइल उफनत धार,
राजा, राज-पाट।
जिनगी के पोर-पोर आज बा बेहाल,
अब नाहिं रुकिहें पाँव अइहें चाल काल,
राजा, राज-पाट।
सोना-रूपा लुटि जइहें खाली होई भाल,
होई जइहें धरती ई खूनवा से लाल,
राजा, राज-पाट।

*[चारों मंच से बाहर निकल जाते हैं। चांडालों का चारुदत्त के साथ प्रवेश।]*

**चांडाल-2 :** सुनो भाई! ई है चारुदत्त। विनय दत्त का पोता अउर सागर दत्त का बेटा। ई पापी धन के लोभ में बेसवा वसन्तसेवा का...।

*[शकार के गाड़ीवान का प्रवेश।]*

**गाड़ीवान :** *(प्रवेश करते हुए)* सुनो रे भाई, सुनो। हमारी बात सुनो।

**चांडाल-1 :** कवन है रे?

**चांडाल-2 :** का है रे?

**गाड़ीवान :** *(पास आकर)* हम राजा के सार के गाड़ीवान हैं। गाड़ी बदल जाए तो हमारी गाड़ी में चढ़ के वसन्तसेना बाग में गई। हमारे मालिक ने गला दाब के वसन्तसेना को मार दिया।

**चांडाल-1 :** काहे रे?

**गाड़ीवान :** वसन्तसेना हमारे मालिक की बात ना मानी। राज के सार की वासना पर थूक दिया, सो ऊ गला दाब के मार दिया।

**चांडाल-2 :** साँच कहता है का रे?

**गाड़ीवान :** साँच कह रहे हैं भाई। हम भेद ना खोल दें, ई डर से हमारे हाथ-पाँव में बेड़ी-हथकड़ी लगा के हमको बन्द कर दिया था।

*[शकार दौड़ते हुए प्रवेश करता है।]*

**शकार :** कहँवा गया रे? अरे गाड़ीवान! कइशे भागा रे? *(पास आकर)* शुन, शुन रे बेटा गाड़ीवान! चल...घर चल।

**गाड़ीवान :** अरे पापी! वसन्तसेना का गला दाब के पेट ना भरा कि चारुदत्त का वध करवा रहा है?

**शकार :** हम काहे करेंगे हतिया? हम तो गुन के शमन्दर हैं। हम ना किए हैं हतिया।

**भीड़ :** तुम हतियारा हो...। चारुदत्त हतियारा ना है।... तुम पापी...नीच हो...। तुम वसन्तसेना के हतियारा हो...।

**शकार :** कवन कहता है?

**भीड़ :** तुम्हारा गाड़ीवान कहता है।

**शकार :** *(स्वगत)* ठीक शे ना बान्हे थे का शाले को! कइशे भागा! ई शाला आँख शे देखा है। *(प्रकट)* ई शाला

हमारा शोने का गहना चुराया था शो हम एहिके पीटे अउर बान्ह दिए...। अब ई दुश्मनी निकाले वाश्ते हमको फँशा रहा है। *(गाड़ीवान से)* अरे शुन। ई शोना ले अउर जइशा हम कहते हैं, तू कह दे।

*[आभूषण देता है। गाड़ीवान आभूषण लेकर लोगों को दिखाता है।]*

**गाड़ीवान :** देखो भाई, ई पापी हमको सोना का लोभ दे रहा है।

**शकार :** इहे शोना है, जवन ई चुराया था। एहि वाश्ते शाले को पीटे थे। हमारी बात का भरोशा ना करोगे, तो शबको फाँशी पर चढ़वा देंगे। हम राजा के शार हैं।

**चांडाल-1 :** साँच बात है। ई साला चोर है, सो झूठ बोल रहा है।

**गाड़ीवान :** कइसा अन्हेर है भाई! गुलामी की जिनगी तो नरक है, नरक। कवनो आदमी साँच बात पर भरोसा ना करता है।

**शकार :** मारो शाले को।

**चांडाल-2 :** भाग हिंया से। भाग।

*[गाड़ीवान भाग जाता है।]*

**शकार :** ले चलो पापी को। जल्दी शे वध करो।

*[चांडाल चारुदत्त को लेकर बाहर जाते हैं। शकार भी पीछे-पीछे जाता है। मंच पर भिक्षु का प्रवेश।]*

**भिक्षु :** आर्या!...आर्या!

**वसन्तसेना :** *(प्रवेश करते हुए)* का है?

**भिक्षु :** आर्या, जल्दी चलें। आर्य चारुदत्त का अपने ही हतिया

के अपराध में वध किया जा रहा है।

**वसन्तसेना :** हमहीं अभागिन के चलते उनकी जान जा रही है।

**भिक्षु :** जल्दी करें आर्या...। चलें।

**वसन्तसेना :** चलो।

*[दोनों का तीव्र गति से प्रस्थान। चांडालों और शकार का चारुदत्त के साथ प्रवेश।]*

**चांडाल-1 :** सुनो रे भाई! ई है विनयदत्त का पोता अउर सागरदत्त का बेटा चारुदत्त।...बेसवा वसन्तसेना का हतियारा है। ई, सो राजा पालक वध करने का हुकुम दिए हैं।

**शकार :** जल्दी शे मारो इशको। जल्दी करो, जल्दी।

**चांडाल-1 :** सुन, आज तेरी बारी है। तू ही तलवार चला।

**चांडाल-2 :** गनना कर लो। जवन आदमी की बारी आए, सो वध करे।

**चांडाल-1 :** ठीक बात।

*[दोनों गणना करते हैं।]*

**चांडाल-2 :** तेरी बारी आई। चल, तू वध कर!

**शकार :** जल्दी शे मारो रे। हम वध देख के घर जाएँगे।

**चांडाल-1 :** चारुदत्त, हम राजा पालक के हुकुम पर तुम्हारा वध कर रहे हैं। सुमिर लो, जवन आदमी का नाम सुमिरना चाहते हो, सुमिर लो।

**चारुदत्त :** वसन्तसेना।

*[चांडाल-1 तलवार उठाकर मारना चाहता है कि भिक्षु का वसन्तसेना के साथ प्रवेश होता है।]*

**भिक्षु :** रुको! अरे पापियो! रुको...। चारुदत्त को मत मारो।

जवन अभागिन के चलते परान जा रहा है, ऊ जिन्दा है। देखो।

*[वसन्तसेना दौड़कर चारुदत्त से लिपट जाती है।]*

**वसन्तसेना :** आर्य! ई कवन दसा हुई?

**भीड़ :** अरे...! वसन्तसेना जिन्दा है! ई तो मरी ना है! झूठा पाप थोप के कवन ई अपराध कर रहा था!

**चांडाल-1 :** आज तो हमसे भारी चूक हो जाती! धन्य भाग हमारा कि ई पाप करे से बच गए। चल के राजा को ई हाल सुनावें।

*[प्रस्थान करता है।]*

**शकार :** *(स्वगत)* अरे! बाप रे! ई शशुरी पतुरिया की बेटी मरी ना! अब हमारी जान ना बचेगी। भाग जाते हैं।

*[भागता है।]*

**चांडाल-2 :** अरे नीच! कहँवा जाता है रे? राजा का हुकुम है कि वसन्तसेना के हतियारा का वध करो, सो अब तुम्हारा वध करेंगे। अरे राजा का पापी सार, सुन।

*[पीछा करते हुए बाहर चला जाता है। नेपथ्य में कोलाहल होता है–'राजा आर्यक की जय।' शर्विलक प्रवेश करता है।]*

**[तर्ज़ : आल्हा]**

**शर्विलक :** राजा पालक मारल गइले,
आरयक के सिंहासन भइले।

दिन दुखवा के बीतल भइया,
सुख के सपना भइल सकार।
नाम सरविलक सुनो हमार।

**चारुदत्त** : कवन हो तुम भाई?

**शर्विलक** : हम अपने के घर से गहना चोरी किए थे। चोर हैं। आपकी सरन में हैं।

**चारुदत्त** : अइसा ना कहो भाई!

**शर्विलक** : आपके संगतिया आर्यक राजा हो गए। राजा पालक का राज पलट दिया अउर सिंहासन पर कब्जा कर लिया। राजा पालक को भी मार दिया। आपको वेना नदी के किनारे कुसावती का राज और वसन्तसेना को वधू का पद सौंपा गया है।

*[मैत्रेय, धूता, रोहसेन और रदनिका का प्रवेश होता है।]*

**धूता** : आर्य! कुसल तो हैं? सुभाग हमारा कि एहि आँख से ई सुन्नर देह देखे का अवसर मिला, नेह के बोल सुन सके हमारे कान।

**मैत्रेय** : बहूरानी चिता सजा के ईह देह छोड़े की तइयारी कर चुकी थीं कि सनेस मिल कि आर्य के माथ से पाप का कलंक मिट गया।

**चारुदत्त** : ई का कर रही थी! अपनी देह को ई कठोर सजाय देबे वास्ते काहे तइयार हो गई? ई उचित ना है। ई तो पाप है। सूरुज डूबे से पहले कमल-पाँखुरी बन्द ना होती है।

**धूता** : आर्य, सेनुर बहुर गया।...सुहाग-भाग लवट आया। धन्य भाग हमारे! *(वसन्तसेना से)* कुसल तो हो बहिन!

**वसन्तसेना :** नेह-दुलार अउर आसीस आपका...। सब कुसल है।

*[शकार को घसीटते हुए चांडालों का प्रवेश]*

**शकार :** अरे काहे कूकुर जइशा घशीटते हो! हमारी रच्छा करो। रच्छा करो!

*[चारुदत्त के पाँव पकड़ता है।]*

**शर्विलक :** आप कहें, तो एहिके सूली पर चढ़ा दें, बोटी-बोटी काट के कूकुर-सियार को परोस दें।

**[तर्ज़ : आल्हा]**

मानुस भेस में कूकुर-सियार,
पापी तू धरती के भार।
अब करबो हम वध तोहार,
ए राजा के सार शकार
नाम सरविलक सुनो हमार।

**चारुदत्त :** ना भाई! छोड़ दो...। छिमा किए हम। सरन में आया है, सो छिमा किए।

*[मैत्रेय अपनी लाठी, विग सब फेंक देता है और लबार चितकबरा के रूप में प्रकट होता है। सूत्रधार को खींचकर सामने लाता है।]*

**चितकबरा :** ई का किए ओस्ताद! सब गुड़ गोबर कर दिए। बात-बात पर हमको लतियाते हो अउर सगरे खेल-तमासा का मजा बिगाड़ दिए...। अरे अब ऊ जमाना ना है कि पापी-नीच को छिमा किया जाए। सूदरक का जमाना ना है ई! समझे!

**समाजी :** *(समूह स्वर में)* हाँ, उस्ताद। सजाय दो...सजाय।

**सूत्रधार :** जइसी पंचों की राय!

**[तर्ज़ : पूरबी आलाप]**

नाहिं माफी पापी के, सजाय होई भइया,
तबाह कइल जिनगी जे तबाह होई भइया!

*[नाटक के सारे पात्र समाजियों (कोरस) के रूप में सामने आकर भरत वाक्य प्रस्तुत करते हैं।]*

**समाजी :** बिसारऽ रतिया के बतिया, बिहान होई भइया।
रहबऽ सूतल, तो नाहिं बिहान होई भइया।
गइल पालक के राज, आपन राज भइल भइया।
भइल राज आपन, आपन जहान भइल भइया।
बिसारऽ रतिया के बतिया, बिहान भइल भइया।
रहबऽ सूतल तो नाहिं बिहान होई भइया।

●●●